高等院校"十四五"应用型经管类专业新形态精品教材
国家级一流专业金融学配套教材
省级一流应用经济学学科配套教材

商业银行业务综合实训

主　编　向　娟　杨茜云
副主编　何　萍　王　琪

书中彩图
请扫码获取

东南大学出版社·南京

图书在版编目(CIP)数据

商业银行业务综合实训 / 向娟,杨茜云主编. -- 南京：东南大学出版社,2024.7
ISBN 978-7-5766-0988-2

Ⅰ.①商… Ⅱ.①向…②杨… Ⅲ.①商业银行-银行业务 Ⅳ.①F830.33

中国国家版本馆 CIP 数据核字(2023)第 224335 号

责任编辑：颜庆婷　责任校对：韩小亮　封面设计：顾晓阳　责任印制：周荣虎

商业银行业务综合实训
Shangye Yinhang Yewu Zonghe Shixun

主　　编	向　娟　杨茜云
副 主 编	何　萍　王　琪
出版发行	东南大学出版社
出 版 人	白云飞
社　　址	南京市四牌楼 2 号　邮编：210096
网　　址	http://www.seupress.com
经　　销	全国各地新华书店
排　　版	南京私书坊文化传播有限公司
印　　刷	南京玉河印刷厂
开　　本	787 mm×1092 mm　1/16
印　　张	12.5
字　　数	260 千
版 印 次	2024 年 7 月第 1 版第 1 次印刷
书　　号	ISBN 978-7-5766-0988-2
定　　价	48.00 元

本社图书若有印装质量问题,请直接与营销部调换。电话(传真)：025-83791830

前言 Preface

随着社会经济以及金融科技的发展,金融机构越来越需要大量应用创新型、高级复合型人才,越来越需要具有创新精神和创新思维的人才,这就要求当代大学生不但要有很好的理论基础,而且要有丰富的实践经验和较强的操作能力。金融专业人才的培养既要求学生掌握扎实的金融基础理论知识,又要求他们熟练掌握金融机构业务基本操作技能,使学生成为具有实践操作能力的应用型、创新型高级专业人才。从主要财经院校近几年毕业生的就业数据来看,金融专业毕业生进入商业银行的人数仍然是最多的,故金融专业开设商业银行综合业务实训课程是有必要的。本教材对最新的商业银行业务规则及业务风险进行了较全面的探讨,有助于识别经济发展新形势、金融科技发展新背景下,商业银行业务可能存在的新问题和新风险,从而保障商业银行业务转型的顺利进行,促进商业银行业务的发展及收益的提高。

本教材以培养具备扎实的理论基础、较强的应用能力的应用型本科专业人才为目标,切实提高学生商业银行业务实操能力及解决实际问题的应用能力。本教材分为五部分:第一部分为银行综合柜员从业基础,包括柜台岗位设置与授权管理制度、柜面业务印章管理、银行柜员专业技能;第二部分为商业银行服务礼仪,包括银行服务基本规范、银行员工服务要求、银行员工服务流程规范;第三部分为综合柜员岗,包括开工完工管理、个人业务、对公业务、二代支付平台、代理业务、查冻扣业务和公共业务;第四部分为客户经理岗,包括贷款业务基础知识、贷款业务实操;第五部分为理财经理岗,包括个人理财基础知识、个人理财规划实操。本教材中的业务操作部分,依托湖南典阅教育科技有限公司的"BSI金融综合实训平台",涵盖了商业银行主要的核心业务,以项目任务为导向进行任务介绍和操作指导。平台中的案例均为虚构,因此书中各项业务所涉及的客户信息均非真实信息。另外,在该平台的操作过程中设置的时间与实际时间并不产生冲突,只为说明操作方法而存在,无案例时间久远之影响,如设置的时间有 2017 年。

本教材由湖南涉外经济学院金融系的 7 位教师参与编写,其中有 5 名教师有 3 年以上商业银行综合实训教学经验,对人才培养目标、金融学课程体系、学生知识层次有较深刻的认知,因而,对于本教材理论知识的把握比较到位。这 7 名参与编写的教师均有多年银行从业经验,涉及大堂经理、客户经理、综合柜员等岗位,可以保障本教材的业务规则及业务流程紧密联系实际。各章编写分工如下:

第一、二章:王芮洵。

第三章:杨茜云、何萍、王琪。

第四章:李海涛。

第五章:向娟。

案例分析:王安琪。

在本教材的编写和出版过程中,东南大学出版社的编辑们提供了许多帮助,在此表示诚挚的感谢。同时,也诚恳地希望广大读者特别是任课教师和使用本教材的同学们提出宝贵意见,以便今后加以修订。

主编

2023 年 9 月

目 录

第一篇　商业银行从业人员基本素质及技能

第一章　银行综合柜员从业基础　003
第一节　柜台岗位设置与授权管理制度……… 003
一、支行运营部工作职责………… 003
二、柜面业务人员配置及基本原则……… 004
三、柜员上岗基本要求………… 004
四、授权管理与柜员权限的控制………… 005
第二节　柜面业务印章管理……… 007
一、柜面业务印章的种类………… 007
二、柜面业务印章的使用范围………… 007
三、柜面业务印章的保管、使用　………… 008
第三节　银行柜员专业技能………… 009
一、点钞技能………… 009
二、翻打传票技能………… 010
三、货币鉴别技能………… 011

第二章　商业银行服务礼仪　014
第一节　银行服务基本规范……… 014
一、示牌服务………… 014
二、统一着装及仪容仪表………… 014
三、仪态礼仪………… 016
四、服务手势………… 017
第二节　银行员工服务要求……… 018
第三节　银行员工服务流程规范……… 019

第二篇　商业银行业务实操

第三章　综合柜员岗　　023

第一节　开工完工管理　　023
一、开工管理　　023
二、凭证管理　　026
三、现金调剂　　030
四、完工管理　　030

第二节　个人业务　　035
一、个人存款　　035
二、挂失管理　　055
三、密码维护　　059
四、其他　　062

第三节　对公业务　　065
一、单位活期开户综合业务　　065
二、单位活期存款　　069
三、单位活期取款　　070
四、单位定期综合业务　　073
五、单位销户综合业务　　076
六、单位活期开户撤销　　079

第四节　二代支付平台　　081
一、通存通兑业务　　081
二、跨行汇兑业务　　087
三、行内汇兑业务　　091

第五节　代理业务　　096
一、委托单位签约　　097
二、代理文件上传　　098
三、代理数据核查校验　　099
四、代理数据入账　　100
五、代理业务处理信息查询　　100
六、批量开户明细查询　　101
七、代发代扣明细查询　　102
八、批量配介质　　102

  九、批量配介质解除锁定 ······ 103
  十、批量配介质表外补打 ······ 104
  十一、汇总信息查询及打印 ······ 104
  十二、介质激活 ······ 105
 第六节 查冻扣业务 ······ 107
  一、账户止付 ······ 107
  二、解除账户止付 ······ 109
  三、止付扣划 ······ 111
  四、冻结综合业务 ······ 112
  五、协助司法扣划 ······ 121
 第七节 公共业务 ······ 125
  一、收费交易 ······ 125
  二、日常交易撤销 ······ 127
  三、冲正补记 ······ 128
  四、特殊冲正补记 ······ 131

第四章 客户经理岗 135

 第一节 贷款业务基础知识 ······ 135
  一、贷款种类 ······ 135
  二、贷款程序 ······ 136
 第二节 贷款业务实操 ······ 138
  一、个人信贷 ······ 138
  二、公司贷款 ······ 145

第五章 理财经理岗 159

 第一节 个人理财基础知识 ······ 159
  一、个人理财与个人理财规划 ······ 159
  二、个人理财规划的目标与原则 ······ 161
  三、个人理财规划的内容 ······ 162
 第二节 个人理财规划实操 ······ 163
  一、收集客户信息 ······ 165
  二、分项规划 ······ 174

附录 实训平台登录流程 ······ 191

第一篇 01

商业银行从业人员基本素质及技能

第一章 01

银行综合柜员从业基础

随着我国金融体制改革的不断深入和我国银行业的迅速发展,急需一大批熟悉银行业务、具有发展潜力的青年实用型人才。高校的金融专业承担着为银行培养大量基础性、实用性人才的重任。商业银行综合柜员是商业银行分支结构——柜台——里直接跟顾客接触的银行员工,也是大多数金融专业毕业生进入银行的第一站,因此,为了让学生更了解银行综合柜员的工作,在进入银行后能够更快、更好地适应银行的工作,进行商业银行业务综合实训是非常必要的,而银行综合柜员的从业基础是我们在进行实训之前所必备的基础知识和技能。本章将对银行综合柜员从业基础知识进行展开介绍。

第一节 柜台岗位设置与授权管理制度

【实训目标】
1. 了解柜台岗位职责和基本要求。
2. 理解授权管理的意义。

一、支行运营部工作职责

支行运营部负责在支行开展运营作业、提供客户服务、进行柜面营销转介。支行运营部所有人员均由分行运营管理部派驻。

支行设置运营主管和柜员岗位。

运营主管负责支行柜面运营组织和团队管理,参与派驻支行与运营管理有关的经营决策,确保柜面风险、效率和服务管理目标的落实。主要包括控制柜面操作风险,组织支行运营作业、客户服务、柜面营销转介,对派驻支行柜面作业和人员进行现场管理,合理调配柜员,考核支行柜员的工作业绩,办理派驻支行重要业务的授权或审批,定期检查各种空白重要凭证、现金、重要物品等,保证账实、账款相符,监督各重要账户的变动情况和派驻支行报表的编制,掌管重要印章等。

柜员负责在运营主管的领导下开展运营作业、客户服务和营销转介。

二、柜面业务人员配置及基本原则

(一)柜面业务人员配置基本原则

1. 符合内部控制和岗位责任分离基本规定,如印、押、证三分管等。
2. 人员配备数量符合总行有关人员量化配置机制的指导意见。
3. 从事银行工作不满1年的人员在同一机构占比情况应当符合风险控制原则。
4. 支行、中心应当合理配置具有业务岗位准入资格的柜员、运营作业员和主管,确保运营职责履行到位。
5. 支行、中心人员的配备应当能应对员工脱岗培训、休假等状况。当某一岗位人员缺岗时,应当确保有熟练掌握该岗位操作知识和技能的人员顶替。

(二)内部控制原则下的营业机构人员配置标准

1. 支行运营部原则上最低人员配置为4人,其中,运营主管1名,柜员3名。对于仅办理储蓄业务的支行运营部,最低人员配置可为3人,其中,运营主管1名,柜员2名。支行柜面人员配备数量应当符合总行柜面人员配置相关指导意见,实际配备的柜员数量须根据业务量的增减而调整。柜面人员可以根据业务量及排班等实际情况兼职办理储蓄或会计业务。
2. 原则上支行配备一正一副2名运营主管,业务量较小的支行配置1名运营主管。分行可综合考虑业务量、支行布局等因素适当配置主管、授权人员。

三、柜员上岗基本要求

1. 具有良好的职业道德,履行岗位职责,文明服务。遵守国家法律,认真贯彻执行会计法规和会计基本制度。
2. 熟练掌握本岗位业务规章制度和核算手续,掌握反洗钱相关基础知识,掌握计算机基础知识及本岗位系统操作知识,能够熟练提供会计、储蓄业务服务。
3. 具备良好的客户服务沟通能力。
4. 原则上从事运营工作的柜员和运营作业员必须在其从事运营岗位工作两年内通过总行的岗位资格考试,取得运营上岗资格。

四、授权管理与柜员权限的控制

（一）授权的定义

授权，即柜员在办理业务时，对超过交易级别限额的业务，必须经过更高级别柜员确认的行为，是综合业务系统特有的一种监督方式。

业务系统对柜员实行交易限额级别管理，账务交易授权采取叠加处理方式，所有交易由普通账务柜员发起，每一个柜员都对应一个交易限额级别，柜员只能在交易限额级别范围内办理相应的业务，超过交易限额级别的业务，需逐级授权确认。

（二）授权方式及操作

综合业务系统授权方式分本地授权和异地授权两种。

一级授权和二级授权采取本地授权方式，本地授权人员和被授权人员共同对业务的真实性负责。

本地授权操作：运营主管认真审核需授权业务的详细情况，被授权柜员须向授权柜员仔细说明需授权业务的具体内容，确保授权交易真实、合规，方能进行业务授权。

三级及以上授权采取异地授权方式。异地授权人员须对授权业务的真实合规性进行审查并承担相应的审查责任。

异地授权操作：由支行运营主管电话上报授权中心，通过报流水号、经办柜员号由授权中心审核电子凭证无误后授权。

（三）授权注意要点

1. 授权人授权时必须亲自操作，不得将柜员卡和密码告知他人并由他人进行授权操作。

2. 授权人员根据系统提示的授权原因，对该笔业务及原始单据的真实性、单据实物与影像的一致性以及业务是否正确进行审核，完成业务合规性初审，并认真查看其他授权原因，进行相应业务处理。

【实训任务】申请授权流程

任务说明：

某日，一位客户预约取现100万元。

【操作流程】

1. "核心业务系统"→"个人存款"→"个人活期取款"，录入信息。
2. 完成信息录入后，点击"提交"按钮，页面将弹出集中授权申请页面。
3. 授权人员审核相关信息，通过授权。

◇ **案例分析 1**

柜台授权管理的重要性：从法国兴业银行巨亏看内部控制

法国兴业银行因内部员工凯维埃尔进行虚假交易，导致损失高达49亿欧元。这起事件凸显了柜台授权管理在金融机构中的重要性。

分析：

交易员凯维埃尔之所以能够进行巨额虚假交易，很大程度上是因为他绕过了银行的五道安全限制。这表明法国兴业银行的内部授权管理制度存在重大缺陷。首先，凯维埃尔利用自己的电脑技术，未经过正常的审批流程，就获得了进行欧洲股指期货交易的权限。这表明授权管理中的权限设置和审批程序需要得到严格的控制。

此外，法国兴业银行的风险管理体系也未能及时发现并阻止凯维埃尔的违规行为。这可能是因为风险管理制度未能得到有效执行，或者制度本身存在漏洞。因此，金融机构需要加强内部风险控制和审计，确保各项制度得到严格执行，并且要定期对风险管理制度进行审查和更新，以应对新的风险挑战。

此外，外部监管的缺失也是导致这起事件的重要原因之一。因此，除了加强内部授权管理和风险控制，金融机构还需要与监管部门保持密切沟通，确保各项监管要求得到有效执行。

从法国兴业银行巨亏事件可以看出，柜台授权管理在金融机构中具有重要意义。金融机构需要建立完善的授权管理制度，确保各项业务得到有效控制和监督。同时，要重视风险管理制度的执行和更新，加强内部风险控制和审计。此外，与监管部门保持密切沟通也是防止类似事件发生的重要措施。通过加强柜台授权管理，金融机构可以降低操作风险，保护客户的资产安全，确保业务的稳健发展。

（来源：邹志坚，《法国兴业银行案件对我国银行加强内部控制风险管理的启示》。）

◇ **案例分析 2**

柜员业务办理的自我监督：从法国兴业银行案件看自我监督的重要性

法国兴业银行案件的核心问题在于内部控制的失效。其中，交易员凯维埃尔利用其精通计算机技术的优势，绕过了银行内部的监控系统，进行了大规模的违规交易。这些交易在一段时间内未被及时发现，直到市场出现大幅波动，损失才得以显现。

分析：

柜员作为银行的前台业务人员，直接与客户接触，其业务办理的准确性和效率直接影响到银行的声誉和客户体验。因此，加强柜员业务办理的自我监督具有重要意义。法国兴业银行的案件为我们敲响了警钟，提醒我们必须重视金融机构内部的自我监督问题。对于柜员业务办理的自我监督，银行应从培训教育、规章制度、内部监督、激励机制等多方面入手，确保业务的合规性和风险的可控性。只有这样，才能有效防范类似风险事件的发生,保障金融市场的稳健发展。

(来源:邹志坚,《法国兴业银行案件对我国银行加强内部控制风险管理的启示》。)

第二节 柜面业务印章管理

【实训目标】
1. 了解柜面业务印章的种类和使用范围。
2. 掌握如何使用以及保管印章。

一、柜面业务印章的种类

柜面业务印章包括"会计业务专用章""现金清讫章""转讫章""结算专用章""汇票专用章""本票专用章""信用证专用章""同城交换章""业务受理专用章""柜面业务章""柜面业务专用章""假币印章",以及因业务需要或当地人民银行特别要求刻制的其他会计业务印章。

二、柜面业务印章的使用范围

(一) 分行内部清算核算机构(非营业网点)专用印章

1. 会计业务专用章:分行内部机构用于需要加盖会计业务印章的重要单证、挂失回单、止付通知等业务,以及会计业务报告、报表等或提出同城交换票据(按当地人民银行要求使用)用印。

该印章原则上按机构配置使用。

2. 现金清讫章:分行内部机构用于金库管库员对现金收入和现金付出的结清确认。该印章可根据业务需要按人员进行配置使用,以编号区分。

3. 转讫章:分行内部机构用于对公业务规定的用途以及已进行转账处理的单位客户的回单等。该印章可根据业务需要按人员进行配置使用,以编号区分。

(二) 柜面各类业务专用印章

1. 结算专用章:用于办理票据贴现、转贴现、再贴现业务;发出、收到和办理托收承付、委托收款结算凭证;发出信汇结算凭证及结算业务的查询查复等。该印章按办理对公结算业务的机构配置使用。

2. 汇票专用章:用于签发银行汇票、承兑银行承兑汇票、办理承兑汇票转贴现和再贴现时的背书等。该印章按办理汇票业务的机构配置使用。

3. 本票专用章：用于签发银行本票。该印章按办理本票业务的机构配置使用。

4. 信用证专用章：用于国内信用证业务。该印章按办理信用证业务的机构配置使用。

5. 同城交换章：用于同城交换提出票据，具体按当地人民银行规定使用。

6. 业务受理专用章：用于银行受理客户提交而尚未完成业务处理的各种凭证回执，以及非资金业务单据客户回执（具体业务有印章使用要求的从其规定）。该印章按当地人民银行规定的格式刻制；当地人民银行未作规定的，可自定格式刻制，具体名称由各分行自定。该印章按办理相关业务的人员配置使用，以编号区分。

7. 柜面业务章：用于营业网点会计或零售柜面业务操作。包括用于银行办理结算给单位客户的收、付款通知和汇兑回单等应加盖转讫章（完成业务处理印章）的单据，现金和个人业务单据，如现金收付、转账业务等各种凭证和客户回单，以及个人存单、存折、个人账户证明、各类零售业务申请书等业务的确认。该印章按柜员配置或按柜台窗口配置使用，带日期，以编号区分。

8. 柜面业务专用章：用于营业网点柜面业务管理。如确认各类报告、报表、情况反映和统计报表的上报和传递，以及对与客户签署的柜面业务协议或合同（仅限于业务制度中明确规定加盖该印章的协议或合同，且融资业务合同除外）、重要单证、存款证明、资信证明书、会计业务挂失回单、票据止付通知、单位定期存款证实书等或提出同城交换票据（按当地人民银行要求使用）用印。该印章按机构需要配置使用，以编号区分。

9. 假币印章：用于办理柜面现金业务中，发现伪造变造人民币时使用。该印章原则上按机构配置使用。

三、柜面业务印章的保管、使用

印章管理应当贯彻"谁使用、谁掌管、谁负责"的原则，严格领发、登记制度。

（一）印章保管

1. 印章保管须做到人离上锁。每日上午、下午营业结束，须将印章双人入库（或保险柜）保管。不同掌管人保管的印章应当分箱（盒）上锁，严禁混装。

2. "会计业务专用章""汇票专用章""本票专用章""柜面业务专用章"应当由主管级人员掌管；其他柜面业务印章的掌管人，应当由主管指定。

分行可根据网点轮班及工作实际情况对掌管印章的主管进行适当调整。同时，应当做好相关委派运营主管节假日、年休假等期间的顶岗安排。

3. 凡需用于票据交换的业务专用章，分行应当统一规定具体的印章编号专门用于票据交换业务，主管可以不保管该枚印章。

（二）印章使用

1. 使用柜面业务印章的各级机构在使用前，应当在《印章领用及交接登记簿》上预留印模,注明启用日期,并由保管人在"保管人"处签字。

2. 业务印章如果换人使用,要及时办理交接手续,由移交人、接收人、监交人在《印章领用及交接登记簿》上签字。该登记簿由主管记录和保管。通过重要物品交接系统登记物品交接信息的可替代相关纸质登记簿,具体按相关系统登记规定执行。

3. 在票据或柜面业务凭证上加盖印章时,该票据或柜面业务凭证须为已审核和(或)完成业务处理的票据或凭证。如需有权人签字的票据或业务凭证,须经有权人签字后方可用印。严禁超范围使用印章或在任何空白重要凭证、空白质量记录上提前加盖业务印章。

4. 内部凭证如印章盖错或模糊,需重新加盖印章的,应当在错误或模糊的印章边缘划"×"后重新用印。

5. 凡嵌有日期的印章,必须按工作日调整日期后使用。

【实训任务】印章交接流程

任务说明:

你是一名新入行的柜员,同事 A 即将调离柜员岗位,你将接替 A 的工作,现你们需要进行岗位的交接工作,今天是印章的交接工作。

【操作流程】

1. 三人同时在场。
2. 检查实物与印模信息是否一致。
3. 三人签字,交接。

第三节　银行柜员专业技能

【实训目标】

1. 通过点钞技能实训,掌握点钞的基本要求,利用持把式单指单张点钞法进行点钞,并能达到一定的速度和准确率。

2. 通过小键盘操作实训,掌握数字键盘的录入技术规范,严格按照手指的分工击键,养成良好的指法习惯,达到需大量输入数字符号和数学运算符号的专业性录入水平,提高小键盘录入的效率。

一、点钞技能

(一)点钞的基本要求

姿态端正;开扇均匀;点数准确;动作连贯;钞票捆紧;盖章清楚。

(二) 点钞操作步骤

操作可分为拆把持钞、捻钞清点、记数、墩齐扎把四个步骤。

1. 拆把持钞

钞票拆把后,按以下步骤操作:(1)用左手中指和无名指用力夹住钞票左端中央,拇指、食指、中指在上面,无名指、小指在下面并自然弯曲。(2)左手拇指转到钞票下面内侧左端约1/3处用力将钞票向上推,再向外推,使钞票呈约120度的弧形,并用食指和拇指轻轻捏住钞票左侧(内侧上推后变为左侧了)边缘,使钞票呈约70度的扇面,以便于清点。(3)右手拇指、食指、中指在海绵缸内沾水少许做点钞准备。

2. 捻钞清点

清点步骤是:(1)钞票正面对胸前,从右上角开始,用右手拇指向下捻动钞票,食指在钞票的背面配合拇指捻动,每次捻下一张。(2)拇指每捻下一张钞票,无名指要将其往里弹。注意捻钞的动作幅度要小,动作幅度太大会影响清点速度。另外,右手中指要略微翘起,不能触及钞票,以免影响无名指的动作。清点时若拇指上的水用完了,可向中指稍沾一下,即可点完100张。

3. 记数

在捻下钞票的同时要记数。由于每次只捻一张钞票,记数也必须一张一张地记,最后记到100张。从"1"到"100"的数中,绝大部分是两位数,往往记数速度跟不上捻钞速度,所以必须巧记。一种方法是按照"1,2,3,4,5,6,7,8,9,1;1,2,3,4,5,6,7,8,9,2;1,2,3,4,5,6,7,8,9,3;……"的规律记,一直记到最后一个数是"10",就是100张。这种方法是把100个数编成10组,每组都由10个数组成,前面9个数表示张数,最后一个数既表示这一组的第10张,又表示这个组的号码(即第几组)。

4. 墩齐扎把

点满100张后,按以下步骤操作:(1)左右手将钞票竖起墩齐,把钞票的边端都整理整齐,然后左手持票作扎把准备。(2)将钞票墩齐、横立,左手拇指在钞票前,中指、无名指、小指在背后,食指在上侧把钞票分一条缝,右手将纸条在票面1/2或1/4处插入缝内,抽出右手食指并移至背面,拇指捏住插纸处下压,使钞票呈弧形,右手将纸条由外向里(怀里)缠绕两圈,沿着上侧边再折45度。折时,左手食指按住上侧腰条,右手拇指、食指折,顺势用拇指将尾端插入圈内,最后将钞票按平即可。

二、翻打传票技能

翻打传票技能主要包括:左手翻页、眼睛看数、右手操作计算工具。操作工具主要包括:计算器、计算机小键盘。

（一）操作步骤

1. 整理传票

翻打传票前将传票整理成扇面形状。方法是：左手拇指放在传票的左上方，其余四指放在传票背面左下方；右手拇指放在传票的右上方，其余四指放在传票背面右下方；然后用右手捏住传票，并将传票右上角以右手拇指为轴向怀内翻卷，翻卷后左手随即捏紧，右手放开。重复上述动作，直到把传票捏成幅宽适当、票页均匀的扇形。然后用夹子将传票的左上角夹住，使扇形固定。将整理好的传票封底向上突出、封面向下突出，以便于翻页。

2. 翻打

左手拇指点翻传票的右下角，上翻之后用食指挡住传票；右手要同时在计算器（或计算机小键盘）上敲入相应的金额。在敲入第一张传票上的数字时，第一张传票已经捏在手里了，一打完，立即翻掉，这样能加快翻打速度。

翻打传票时，必须做到翻页、看数和击键协调进行，只有做到眼、脑、手紧密配合，不停顿地持续下去，才能提高运算的速度。

（二）小键盘的基本操作要求

录入数字时，需在"Num Lock"指示灯亮时才有效。录入过程中，只用右手的食指、中指、无名指进行操作。这组键中的4、5、6数字键为基本键位，其中5键为原点键。手指分配原则为：从右手中指开始分配手指，即右手食指控制4和7、1、0键，中指控制5、8、2键，无名指控制6、9、3与小数点"."键。

三、货币鉴别技能

（一）人民币概述

《中华人民共和国中国人民银行法》第三章第十六条规定："中华人民共和国的法定货币是人民币。"1948年12月1日，中国人民银行成立，开始发行第一套人民币；1955年3月1日，开始发行第二套人民币；1963年4月20日，开始发行第三套人民币；1987年4月27日，开始发行第四套人民币；1999年10月1日，开始发行第五套人民币，至今有1999年版、2005年版、2015年版、2019年版、2020年版。

人民币的主币单位为"元"；人民币辅币单位为"角"和"分"；人民币简写符号为"￥"；人民币国际货币符号为"CNY"。

（二）假币的鉴别方法

人民币真伪鉴别通常采用直观对比（眼观、手摸、耳听）和仪器检测相结合的方法。

1. 眼观

眼观即用肉眼仔细观察票面的外观颜色图案、花纹是否与真币相同。主要是将可疑币与真币进行比较,看外观颜色、光变面额数字、水印、安全线、钞票号码,找出破绽、漏洞及伪造痕迹;迎光观察正面左侧水印窗位置,真币水印图案立体感强、层次分明、形象逼真,安全线与纸张结合牢固。

具体又可看以下几点:(1)看水印;(2)看安全线;(3)看光变油墨;(4)看票面图案是否清晰,色彩是否鲜艳,对接图案是否可以对接上;(5)用5倍以上的放大镜观察票面,看图案线条、缩微文字是否清晰干净。

2. 手摸

一摸钞票的纸质。人民币专用纸张是采用特种材料,用专用设备抄造而成,其纸质表面光滑、厚薄均匀,挺括,手感好。二摸钞票人像、行名、金额数字、盲文符号、深色花边等,用手指触摸有凹凸感、来回抚摸时发涩;假钞多采用平版胶印或复印机复印,墨层薄,用手指触摸则手感平滑。

3. 耳听

耳听即抖动钞票使其发出声响,根据声音来分辨真伪。人民币的纸张具有挺括、耐折、不易撕裂等特点,用力抖动、手指轻弹或两手一张一弛轻轻对称拉动钞票,能听到清脆响亮的声音。

4. 检测

检测即借助一些简单工具或专用仪器来分辨人民币真伪。如借助放大镜可以观察票面线条清晰度、胶、凹印缩微文字等;用紫外灯光照射钞票可以观察钞票纸张和油墨有无荧光反应;用磁性检测仪可以检测黑色冠字号码的磁性等。

【实训任务】点钞

任务说明:

将手中所有练功券拆把,采用手持式单指单张点钞法,从中清点出100张并扎钞,由同桌复核张数。

小组比赛:每组备练功券若干张,每组每人一根扎钞条和一张小纸片,老师随意抽取一沓练功券交由第一个同学清点完后扎钞,在小纸片上写上名字和张数,并将扎好的练功券往后传,直至最后一个同学清点完后在扎钞条上写上组号和张数,最后用点钞机复核,以准确率高、速度快的小组为胜。

【操作流程】

拆把持钞→捻钞清点→记数→墩齐扎把。

◇ 案例分析1

如何用专业的话术进行假币收缴

某日,某先生来银行存款,存款金额10万元,存入活期存折,存折户名为李小姐。

当前台柜员在点钞时,发现第三把中有一面额100元的假钞。柜员:"你的钞票中有一张假钞,按规定我们要没收。"某先生:"你怎么能说是假的,给我看一下。"柜员:"一看就知道是假的,假钞没收后就不能再给客户了。"某先生:"你把10万元钱给我,我不存了。"柜员:"您不存了,发现了假币我们还是要没收。"某先生想要回假币未果,情绪激动。柜员不加理会,"按章"办事。

分析:

客户产生怀疑时,应由两位柜员当场验证钞票是不是假币,同时对客户说:"对不起,人民银行规定,假币必须没收,我会给您开具假币收缴凭证,您可以向付款人追索。"在客户坚持要拿回的时候,须安抚客户情绪,应该说:"很抱歉,真的不能给您。今天,您是假币的受害者,但您一定不想让其他人再受到这张假币的危害吧。我可以教您几种识别假币的方法,帮您避免再收到假币。"

(来源:学信银行考试中心,《柜员一天可能遇到的这10类客户及处理之道》。)

◇ 案例分析 2

离柜后客户声称取到假币

某先生来到某支行,取走现金10万元,离开约20分钟后,怒气冲冲地回到之前给其办理业务的窗口前:"我刚才取走的10万元钱,里面有一张100元假币,到底怎么回事,你给我解释清楚。"柜员:"您取钱时我已经提醒您钱款要当面点清,如果不点就视同认可正确。"某先生:"我当时是没点,那是我相信你们。"这时营业大厅的客户非常多,某先生的情绪越来越激动,说话声音很大。

分析:

由于当时的客户比较多,柜员解释工作做得不到位,使客户情绪越来越激动,对其他客户造成了不良影响,使银行的信誉和形象受到了损失。在向客户付款的时候,须帮助客户在验钞机上过一下细数和真伪,提示客户点准核清,客户离开时站立服务,留意现金是否全部取走。当事情发生时,应当及时做好解释工作,将客户请到接待室核实事情的经过,最终让客户满意,维护好银行的形象。

(来源:学信银行考试中心,《柜员一天可能遇到的这10类客户及处理之道》。)

第二章 02
商业银行服务礼仪

【实训目标】
1. 理解礼仪的重要性。
2. 了解工作礼仪的基本常识。
3. 掌握并能运用常用工作礼仪。

第一节 银行服务基本规范

一、示牌服务

所有员工上岗时必须规范佩戴或摆放统一的服务标识牌。员工佩戴统一工号牌时,佩戴位置要规范统一,且保持水平状态。

二、统一着装及仪容仪表

工作时间统一穿着工作服,穿深色袜子和皮鞋,不得在营业厅穿着便装或穿着部分工作服。女员工若头发较长应绾戴头花。参加全行集体活动,除体育、文艺等特殊活动外,均应统一穿着工作服。

1. 男士仪容标准

表 2-1 商业银行员工仪容标准(男士)

类别	男士仪容标准
发式	勤洗头发,无头皮屑且梳理整齐; 定期修剪,前不遮额、侧不盖耳、后不触领为宜; 不染异色,不留长发,不梳奇异发型,不留大鬓角,不剃光头

(续表)

类别	男士仪容标准
面容	保持面部干净、清洁； 忌留胡须，养成修面剃须的良好习惯； 保持鼻孔清洁，平视时鼻毛不得露于鼻孔外； 如戴眼镜，保持镜片清洁
口腔	保持口腔清洁，没有异味； 工作时间不得饮酒、吸烟
耳部	保持耳部清洁，不留有皮屑及污垢； 不得佩戴耳饰
手部	保持手部清洁，指甲干净，不长于1毫米
体味	勤换外衣物，保持清新、干净
着装	按要求统一着应季制式行服（原则上网点统一，温差大的地区柜台外可分别统一），在岗期间不得着其他服装； 行服合身、干净、整洁、无破损、无污迹，衣扣要完好、齐全； 着单排扣西装时，如两粒扣子只系上面一粒，如三粒扣子只系上面两粒，不系最下面一粒； 着长裤时，系黑色皮带，保持裤线笔直，裤脚长度以穿鞋后距地面1厘米为宜； 佩戴统一工号牌，并水平佩戴于相应位置（参照左胸口袋上方1厘米处） 遇有大型活动须统一佩戴行徽； 同时佩戴工号牌、行徽的，行徽应佩戴于工号牌上方正中位置（垂直间距以1厘米左右为宜）； 需要佩戴其他徽章（如党徽、团徽）的，应佩戴于左胸前上方更高位置（着西装时应佩戴在西服的夹眼中）并与行徽、工号牌组合形成明显的间隔； 只佩戴行徽的，行徽佩戴于左胸前上方位置，着西装时应佩戴在西服的夹眼中
衬衫	衬衫袖口的长度以超出西装袖口1厘米为宜，袖口须扣上纽扣； 衬衫下摆须掖在裤子里
领带	佩戴统一领带，领带要干净平整、无褶皱、无破损、无污迹； 领带长度以直立时刚好位于皮带扣上下沿之间为宜
袜子	着深色袜，颜色以黑色、深蓝、深灰色为宜，不得穿白袜
鞋子	着黑色正装皮鞋，皮鞋要保持光亮清洁； 不得配穿休闲鞋、运动鞋、布鞋、凉鞋、拖鞋等
饰物	提倡仅佩戴手表、戒指，不佩戴其他饰物，不得选择造型夸张的款式，应简洁大方

2. 女士仪容标准

表2-2 商业银行员工仪容标准（女士）

类别	女士仪容标准
发式	头发需勤洗，无头皮屑，不染异色，且梳理整齐； 长发需挽起并用统一的头饰固定在脑后，前不遮眉，侧不遮耳； 短发需发型简单、干练，前不遮眉

(续表)

类别	女士仪容标准
面容	保持面部干净、清洁； 不佩带影响专业形象的异色、异形眼镜，保持镜片清洁； 工作时化淡妆，以淡雅、清新、自然为宜，不使用色彩夸张的口红及眼影
口腔	保持口腔清洁，没有异味； 工作时间不得饮酒、吸烟
耳部	保持耳部清洁，不留有皮屑及污垢； 仅可佩戴简单款式的耳钉，左右耳各一枚，不戴耳坠或造型夸张的饰物
手部	保持手部清洁，指甲不得长于2毫米； 可涂用无色指甲油，不得涂用有色指甲油
体味	勤换外衣物，保持清新、干净； 体味清新，不提倡使用香水
着装	按要求统一着应季制式行服（原则上网点统一，温差大的地区柜台外可分别统一），在岗期间不得着其他服装； 行服合身、干净、整洁、无破损、无污迹，衣扣要完好、齐全； 着长裤时，系黑色皮带，保持裤线笔直，裤脚长度以穿鞋后距地面1厘米为宜； 着裙装时，应熨烫平整； 佩戴统一工号牌，并平整佩戴于左胸上方； 遇有大型活动须统一佩戴行徽
衬衫	衬衫下摆设计为非外露式的，下摆应束入裙或裤； 衬衫下摆设计为外露式（如圆边等）的短装衬衫，下摆不须束入裙或裤，但需确保网点统一
丝巾	丝巾要干净整洁、无破损、无污迹
袜子	忌光脚穿鞋，短袜颜色网点须统一为肉色或深灰色； 着裙装时，穿连裤丝袜，不能带有花纹，不可为网状丝网，丝袜不得有挑丝、破损等情况
鞋子	着黑色正装皮鞋，前不得露趾、后不得露跟，不可有夸张装饰物，皮鞋要保持光亮清洁； 不得配穿运动鞋、休闲鞋、布鞋、凉鞋、拖鞋等
饰物	原则上最多佩戴戒指、手表、耳钉三种饰品，款式简单大方（产品宣传、风俗习惯除外）

三、仪态礼仪

1. 标准站姿

站姿须挺拔。站立时双目平视，下颚微收，颈部挺直，双肩自然放松略向后收，挺胸、收腹、不弯腰。

男士：双腿并拢直立，脚跟并拢，脚尖分开，呈"V"字形，身体重心位于两脚中间。也可两脚分开，比肩略窄，右手握左手腕部，放在腹前或背后。

女士:双腿并拢直立,脚跟并拢,脚尖分开,呈"V"字形,亦可呈"丁"字形,右手握左手虎口,端放于小腹前。

2. 标准坐姿

坐姿须端庄。面对客户时,头部要挺直,目视客户。平视客户时下颚收,收腰、挺胸,上体要挺直;与客户面对面时,应挺胸、收腹,上身前倾,面带微笑。

男士:可将双腿分开略向前伸,手掌轻握,自然放于双膝之上。

女士:入座前应先将裙角向前收拢,两腿并拢,双手自然交叠,拇指交叉相扣,叠放于左右腿上。

柜面坐姿:手臂轻放于桌面,双手自然交叠,拇指交叉相扣。没有客户时后背可轻靠椅背。面对客户时,身体稍向前倾,表示尊重和谦虚。

3. 标准行姿

行姿须稳重。目视前方,重心前倾,上身挺拔,自然摆臂,脚幅适宜,两脚尽量走平行线。

男士:步幅以一脚半距离为宜。

女士:步幅以一脚距离为宜。

4. 标准蹲姿

蹲姿须优雅。下蹲时不要翘臀。不可直接弯腰俯身捡拾物品。拾取低处的物件时,上身直,一脚在前,一脚在后,两腿向下蹲,前脚全着地,臀部向下,一手轻扶膝盖,一手捡拾物品。

5. 鞠躬礼仪

鞠躬须尊重。鞠躬是表达敬意、尊重、感谢的常用礼节。鞠躬时,男士双手自然下垂,贴放于身体两侧裤缝处,女士双手自然下垂交握于腹前,上身前倾弯腰。视线由对方脸部落至自己的脚前1.5米处(15度礼)或脚前1米处(30度礼)。

6. 表情神态

微笑须亲切。要符合"三米六齿"的标准,微笑要贯穿服务的整个过程,且适度、适宜、发自内心。

眼神须关注。客户进入视线范围,须用目光迎接客户。业务办理中,须持续与客户进行眼神交流。目光须友善,不左顾右盼、心不在焉。

四、服务手势

1. 举手招迎

高柜柜台:员工在叫号后,应身体坐正,举右手招迎客户,五指并拢,手心向外45度,指尖与头顶同高,目光自然寻找客户;当客户到达柜台前,做"请入座"手势。

采用悬挂式叫号显示屏叫号的低柜：员工在叫号后，应身体坐正，举右手招迎客户，五指并拢，手心向外45度，指尖与头顶同高，目光自然寻找客户；当客户到达柜台前，做"请入座"手势。

2. 起立迎客

未采用悬挂式叫号显示屏叫号的低柜：员工发现客户到来，应起立保持标准站姿，微笑并以目光与客户接触；当客户到达柜台前，做"请入座"手势。

3. 示意入座

示意客户入座时，四指并拢，拇指微微张开，掌心微微向下，指向座椅，面带微笑，目光注视客户，以热情亲切的语言请客户入座。

4. 签字/阅读

高柜柜员为客户进行签字/阅读指示时，一手执单，单据高度与客户视线平行，一手四指并拢，拇指微微张开，指向内容。面带微笑，同客户有目光交流，并有语言配合。

低柜柜员为客户进行签字/阅读指示时，文件内容正对客户视线，四指并拢，拇指微微张开，指向内容，面带微笑，同客户有目光交流，并有语言配合。

5. 双手接递

递送物品时，双手握住物品以符合客户阅读的方向递出；递送尖锐物品时，应将尖锐部分向下或向侧面，切不可指向他人。在客户递送物品或资料时，须双手接过。

6. 方向指示

为客户指示方向时，上身略向前倾，手臂自下而上从身前自然划过，手臂伸直，五指自然并拢，掌心稍稍向上，目光朝向客户方向。

第二节 银行员工服务要求

1. 整洁卫生。早上开门后，打扫卫生（包括营业厅及门前卫生），清除卫生死角，做到窗明、台净、玻璃无污痕。

2. 班前准备。召开每日优质服务晨会，按规范整理仪容仪表，着工作服、打领带、戴胸牌、梳理发式、化淡妆、放好工作牌。做好各项临柜准备，保持柜面整洁，不摆放私人物品。

3. 按规定轮流进行交接班，不得因此影响客户办理业务。

4. 离岗时，要将暂停服务牌立于服务台前。

5. 不擅自代班（岗），若有特殊原因应征得部门负责人同意。

第三节　银行员工服务流程规范

1. 迎客：仪容整，列队迎，面含笑，礼相请。
2. 问候：来有声，眼关注，问候语，表述清。
3. 引导：有客来，应问好，明需求，善分流。
4. 互动：勤沟通，微沙龙，巧营销，深挖掘。
5. 办理：合规办，流程齐，速办理，善提醒。
6. 特殊：人性化，多关爱，注细节，重便捷。
7. 应急：首问制，速反应，抚情绪，控舆情。
8. 送别：礼貌送，眼关注，面带笑，声洪亮。

【实训任务】 柜员服务流程

任务说明：

你是一名银行柜员，叫号之后，一名客户向你走来，接下来你要怎么做？

【操作流程】

1. 客户来到柜台，柜台人员应起身迎候客户，主动问候"您好，请坐，请问需要办理什么业务？"
2. 客户递物品时，柜台人员需双手接过。
3. 办理业务时热心、耐心。客户办理业务过程中，柜台人员如果需要暂时离开座位，应主动告知，并致歉，回来后需再次致歉"不好意思，让您久等了"。
4. 业务办理完毕后，需指引客户核对，并在指定位置签名确认；之后主动询问客户"您的业务已办理完毕，请问您还有其他业务需要办理吗？"
5. 客户离开时，柜台人员应主动道别。

◇ 案例分析1

细心才能了解客户具体情况

一位三十多岁的瘦高男青年走到柜台前，柜员说："先生，请问您要办理什么业务？"客户说："开户。"柜员说："请您再说一遍！"客户说话的声音很低，柜员几乎都没有听见，柜员就大声地说："请你大声点。"客户很生气，并向行长进行了投诉。后来，柜员才知道，客户刚做完手术，身体尚未完全恢复。

分析：

细致、细心地去发现情况很重要。当客户重复一遍后，柜员还没有听见，可以问："请您大声一点好吗？是不是哪里不舒服？"客户说刚做完手术，身体尚未完全恢复，柜员则应体谅他的痛苦,说:"对不起,先生,请重复一下您的要求。"并在他重复的同时凑到跟前仔细倾听,然后快速地为他办好业务,最后关切地说:"先生,请慢走。"

只要我们心中重视客户,把客户放在首位,我们就能吸取教训,为客户提供更加优质的服务,令客户满意。

(来源:学信银行考试中心,《柜员一天可能遇到的10类客户及处理之道》。)

案例分析2

接待老年客户

一天,一位70多岁的老人来到某银行某营业网点,谨小慎微地说能否咨询一下业务,他已去过好多网点都没弄明白,虽然经过讲解但他还是搞不明白怎么存钱。此时柜员正忙,于是大堂经理把他让到座位上为他详细说明,经过一个多小时的耐心讲解,才使这位老人弄明白怎样存钱、取钱等一系列操作,老人对此深受感动,将存款全部存入该银行。

分析:

老人的反应慢,需要更加耐心、细致的服务,他们也能成为银行的潜在客户。该案例中的大堂经理正是通过耐心、细致的服务感动了老人,老人才把存款都存入该银行。银行工作人员应及时发现有服务需求的客户,为之提供及时优质的服务。客户的满意是银行生存与发展的基础。

(来源:学信银行考试中心,《柜员一天可能遇到的10类客户及处理之道》。)

第二篇 02

商业银行业务实操

第三章 03
综合柜员岗

综合柜员是负责办理直接面向客户的柜台业务操作及相关业务查询、咨询等工作的柜员,其主要工作内容包括:接待客户、凭证管理、账户管理、现金业务、结算业务、报表统计。作为综合柜员,一天的工作流程为:签到—出库—日间操作—日终平账—签退。通过本章节的学习与训练,我们要掌握综合柜员的基本业务操作。

第一节 开工完工管理

一、开工管理

【实训目标】

1. 了解柜员日初开工的基础知识和业务流程。
2. 掌握机构开工、柜员开工的操作要点。

【基础知识】钱箱管理

在商业银行业务实践中,每一个支行都设有凭证大库和现金大库,并由专人管理,柜员一次领用不得超过一周的用量。日初操作时,柜员从凭证大库和现金大库中领取相关的凭证和适度的现金,存放在自己的钱箱中,即凭证出库和现金出库;日终操作时,柜员将绝大多数现金(一般是金额在万元以上的现金)和不常使用的凭证,归还到现金大库和凭证大库中,即现金入库和凭证入库。

【实训任务】柜员开工综合业务

任务说明:

2017年10月15日,机构、柜员开工,批量领入重要凭证后,再领入储蓄存折10张,领入现金60 000元。

重要提示:

1. 批量领取"储蓄存折""定期一本通""储蓄存单""信合借记IC卡""印鉴卡"各20

张(份),"现金支票""转账支票"各 5 本,每本 25 张,单位定期存款开户证实书 5 张。

2. 对方柜员号:111654。

3. 最后领取的储蓄存折起始号码:0000000003487121。

4. 主管授权员号:143276;密码:12345654。

【操作流程】

"机构开工"→"柜员开工"→"凭证批量调剂"→"凭证调剂"→"柜员现金调剂"。

(一)机构开工

【基础知识】机构签到

1. 营业机构如无特殊情况应按规定的营业时间执行机构日启,进行机构签到。机构日启、签到成功后,各柜员方可进行柜员签到。

2. 机构日启、签到必须坚持双人经办,由两名柜员同时开启,其中必须有一名 B 级(含)以上主管柜员授权。整个日启必须全程在开启监控录像的有效范围内进行操作。

3. 营业机构原则上每日只能进行一次机构签到。对于因特殊原因确需在机构日结后进行二次重开的机构,必须严格履行二次重开的审批手续。

【操作流程】

根据任务说明依次点击"核心业务系统""开工交接完工管理""机构开工",进入对应业务操作页面,根据任务说明"2017 年 10 月 15 日,机构、柜员开工",输入"交易日期"为"20171015",信息录入完毕后,回车执行快查,点击"提交"按钮,页面提示"提交成功",点击"确定"按钮,完成"机构开工"业务所有操作,如图 3-1 所示。

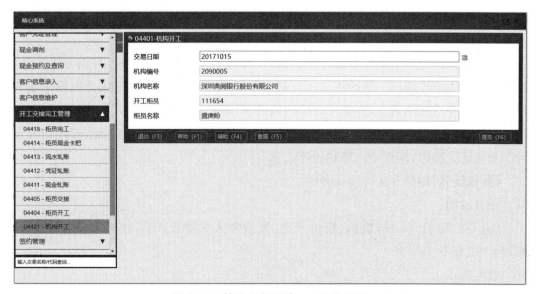

图 3-1 核心业务系统——机构开工

(二) 柜员开工

【操作流程】

1. 根据任务说明依次点击"核心业务系统""开工交接完工管理""柜员开工",进入对应业务操作页面,检查"柜员编号""柜员名称"是否与重要提示信息一致,确认无误后,点击"提交"按钮,如图3-2所示。

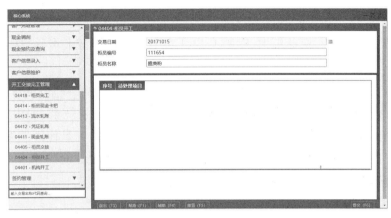

图3-2 核心业务系统——柜员开工

2. 页面将弹出"授权员交易授权"页面,根据重要提示信息,输入主管授权员号"143276",回车后输入密码"12345654",如图3-3所示。信息录入完毕后,点击"提交"按钮,页面提示"提交成功",点击"确定"按钮,页面将返回"柜员开工"页面,并提示"提交成功",点击"确定"按钮,完成"柜员开工"业务所有操作。

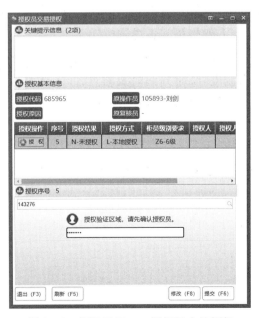

图3-3 柜员开工——授权员交易授权

二、凭证管理

【实训目标】

1. 了解重要空白凭证的含义及其管理基本原则。

2. 掌握凭证批量调剂和凭证出售的对接、操作要点。

【基础知识1】常见的重要空白凭证

重要空白凭证是指无面额、经银行或单位填写金额并签章后即具有支付效力的单证,包括支票、银行汇票、商业汇票、存款开户证实书、存折、储蓄卡卡片、凭证式债券收款凭证等。

重要空白凭证根据用途不同可分为三类:一是银行签发凭证,即由银行填写的对客户具有承诺作用的凭证,如存折、存单、银行卡等;二是客户签发凭证,即由客户购领签发使用的具有支取款项效力的空白凭证,如支票、商业汇票等;三是代理签发凭证,即由委托方提供、银行代为出具、证明业务有效的空白凭证,如代收费发票等。

【基础知识2】重要空白凭证管理的基本原则

银行内部对重要空白凭证需由专人管理,其管理应坚持"章、证、押"三分管原则:管印章的不能管凭证和密押;管凭证的不能管印章和密押;管密押的不能管印章和凭证。重要空白凭证的领入、发出、保管领用、销毁及核算工作均实行严格管理。

(一) 凭证批量调剂

【基础知识】

营业机构内部调拨只能由凭证管理员发起,调出人、接收人和监交人应在"柜员间凭证调拨单"上签字确认。一般柜员间不得调拨凭证。

柜员领用的重要空白凭证应放置在专用的保管箱内或放置于柜员现金尾箱内,严格执行"章、证、押"三分管制度,临时离岗时及时上锁,午休时入库或放入保险柜保管,营业终了柜员重要空白凭证尾箱换人复核无误后,双人封箱,放入库房或专用的保险库保管,次日营业开始前双人开箱。

【操作流程】

1. 根据任务说明依次点击"核心业务系统""凭证管理""凭证批量调剂",进入对应业务操作页面,根据重要提示"对方柜员号:111654",选择"操作类型"为"2-收入",选择"对方柜员"为"111654-元当娜",如图3-4所示。

图 3-4 核心业务系统——凭证批量调剂

2. 点击"提交"按钮,页面提示"提交成功",点击"确定"按钮,页面将弹出交易打印页,点击"打印"按钮,打印相关凭证,打印后关闭打印页面,完成"凭证批量调剂"业务所有操作,页面将返显批量领取凭证相关数据,如图 3-5 所示。

图 3-5 核心业务系统——凭证批量调剂凭证列表

(二) 凭证调剂

【操作流程】

1. 根据任务说明依次点击"核心业务系统""凭证管理""凭证调剂",进入对应业务操作页面(以下步骤默认为执行快查)。根据任务说明"领入储蓄存折 10 张"及重要提示信息,选择"操作类型"为"2-收入",选择"对方柜员"为"111654-元当娜",选择"凭证种类"为"001-储蓄存折",输入"起始号码"为"0000000003487121",输入"终止号码"为"0000000003487130",执行快查后,"凭证数量"返显"10"。如图3-6所示。

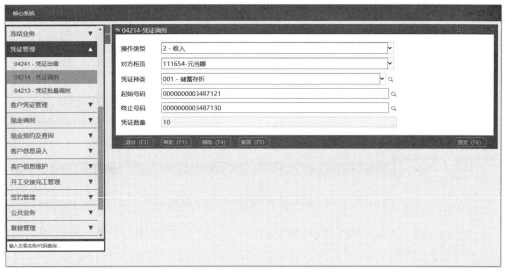

图3-6 核心业务系统——凭证调剂

2. 点击"提交"按钮,页面提示"提交成功",点击"确定"按钮,页面将弹出交易打印页,点击"打印"按钮,打印相关凭证,完成"凭证调剂"业务所有操作。

(三)凭证出售

【基础知识】

出售给开户单位使用的会计凭证主要是结算凭证和专用凭证,包括现金支票、转账支票、普通支票、银行汇(本)票申请书、电汇凭证、托收凭证、进账单、粘单等。一般结算户不得购买现金支票。开户单位领用支票等重要空白凭证时,应填写领用单,加盖全部预留印鉴。银行应根据领用单将起讫号码及时记入该单位存款账户的账页上,并登记重要空白凭证领用登记簿。

对外发售和签发重要空白凭证,应坚持先收款后办理,按号码顺序签发,不得跳号。

【实训任务】

任务说明:

天津市云道有限公司财务人员钱贞嫣女士前来我行,以现金购买转账支票一本。

重要提示:

1. 基本户账号:820000000024031681。

2. 转账支票起始号码:3140522000511501。

【操作流程】

1. 根据任务说明依次点击"核心业务系统""凭证管理""凭证出售",进入对应业务操作页面,并依据任务说明及重要提示信息填写页面信息(以下步骤默认为执行快查)。根据任务说明,输入"账号"为"820000000024031681",执行快查后返显"账户名称",选择"出售方式"为"1-整本",选择"凭证种类"为"015-转账支票",输入"起始号码"为"3140522000511501",输入"终止号码"为"3140522000511525",执行快查后返显"凭证数量"为"25"。如图3-7所示。

图3-7 核心业务系统——凭证出售

2. 完成信息录入后,点击"提交"按钮,页面将联动"收费处理"业务,依据任务说明"以现金购买转账支票一本",选择"收费方式"为"1-现金收费",如图3-8所示。

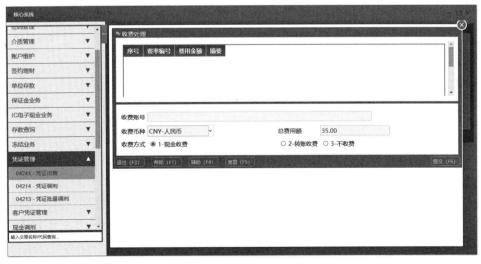

图3-8 核心业务系统——收费处理

三、现金调剂

【实训目标】

1. 了解柜员钱箱管理中关于现金的有关规定。
2. 了解现金调剂的操作要点。

【操作流程】

根据任务说明依次点击"核心业务系统""现金调剂""柜员现金调剂",进入对应业务操作页面,根据任务说明"领入现金 60 000 元",选择"币种"为"CNY-人民币",选择"操作类型"为"2-收入",选择"对方柜员"为"111654-元当娜",输入"交易金额"为"60 000.00"。如图 3-9 所示。

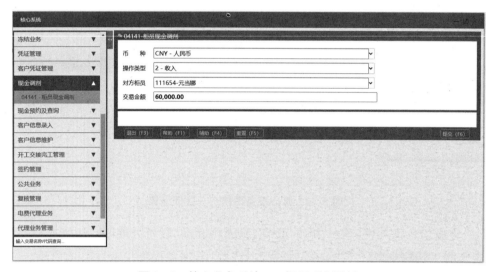

图 3-9 核心业务系统——柜员现金调剂

四、完工管理

【实训目标】

1. 掌握轧账与完工处理流程与规范。
2. 熟悉柜员日终完工需操作的业务流程,掌握业务的操作要点。

【基础知识】

1. 柜员结账分为试结账和正式结账两种。"试结账"可以随时进行,以检验账务平衡,多在午间或其他相对空闲时间,组织柜员特别是零售柜台柜员进行试结账操作,对现金及重要单证余额进行账实核对,以减少日终出现差错的查找时间,提高日终工作效率。"正式结账"最多可执行 3 次,柜员在确保"账、簿、实"三相符的情况下,才可开始正式日结。

2. 柜员结账时,应先清点尾箱现金,保证库存现金的账面余额与实际库存余额相符。非现金管理员日终尾箱不允许超2万元,对于超额部分,应在停止对外营业前一个小时左右,组织柜员将适量的大额现金(或兑入的零散币、残损币)等调拨至现金柜员,避免日终集中处理。清点时只准钱碰账,不可账碰钱。网点负责人(或业务主管)应对现金柜员的单证、现金分别进行核签,核对无误后对尾箱双人加锁。普通柜员自行核点单证现金无误后对尾箱加双锁。对私柜员应根据打印出的"柜员账务交易流水清单"与当日账务性交易凭证进行逐笔勾对,确保凭证录入及账务处理正确无误;勾对相符后,应在流水清单上逐份加盖柜员名章。

3. 柜员"正式结账"执行3次后,现金账实仍不符,系统自动将不平现金作挂账处理并打印挂账清单,柜员应根据挂账清单认真查找不符原因,最迟不得超过第二个工作日对挂账进行处理。柜员结账时若重要单证不符,日结不会成功,系统批处理时将自动强制进行日结。

【实训任务】

任务说明:

营业终了,柜员按流程轧账完工。

重要提示:

1. 柜员需先做柜员现金卡把,然后再进行现金轧账、凭证轧账、流水轧账,最后做柜员完工。

2. 当前柜员为盛庚盼。

3. 主管授权员号:143276;密码:12345654。

4. 柜员钱箱金额如下:

券别	张	金额
100-壹佰圆	905	90 500.00
50-伍拾圆	188	9 400.00
20-贰拾圆	156	3 120.00
10-壹拾圆	1 129	11 290.00
5-伍圆	86	430.00
2-贰圆	3	6.00
1-壹圆	108	108.00
0.5-伍角	64	32.00
0.2-贰角	1	0.20
0.1-壹角	74	7.40
A-零币		16.50
B-硬币		201.00
C-残损币		349.00

(一) 柜员现金卡把

【操作流程】

1. 根据任务说明依次点击"核心业务系统""开工交接完工管理""柜员现金卡把"，进入对应业务操作页面，并依据任务说明及重要提示信息填写页面信息，点击"⊕"按钮，分别选择"类别"为"100-壹佰圆""50-伍拾圆""20-贰拾圆""10-壹拾圆""5-伍圆"……，输入对应的张数"905""188""156""1 129""86"……，回车后金额自动返显该券别对应的金额，点击"保存"按钮，如图3-10所示。

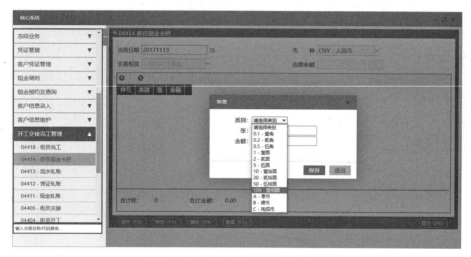

图3-10 现金卡把——新增券别

2. 信息录入完毕后，核对"合计金额"与"当前余额"是否一致，确认无误后，点击"提交"按钮，如图3-11所示。

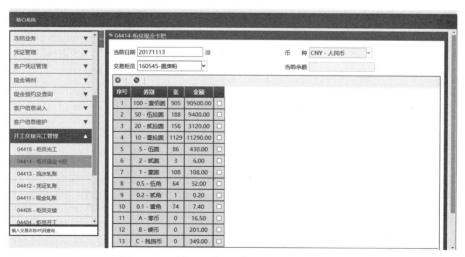

图3-11 核心业务系统——柜员现金卡把

3. 页面将弹出"授权员交易授权"页面,根据重要提示信息,输入主管授权员号"143276",回车后输入密码"12345654",点击"提交"按钮,页面提示"提交成功",点击"确定"按钮。

(二) 现金轧账

【操作流程】

根据任务说明依次点击"核心业务系统""开工交接完工管理""现金轧账",进入对应业务操作页面,根据重要提示"当前柜员为盛庚盼",选择"轧账柜员"为"115791-盛庚盼",信息录入完毕后,点击"提交"按钮,页面提示"提交成功",点击"确定"按钮。如图3-12所示。

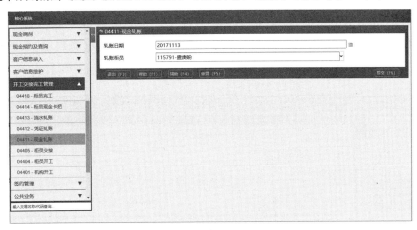

图3-12 核心业务系统——现金轧账

(三) 凭证轧账

【操作流程】

根据任务说明依次点击"核心业务系统""开工交接完工管理""凭证轧账",进入对应业务操作页面,选择"轧账柜员"为"115791-盛庚盼",点击"提交"按钮,如图3-13所示。

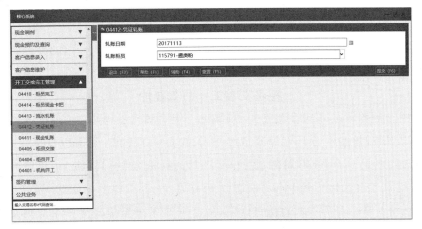

图3-13 核心业务系统——凭证轧账

（四）流水轧账

【操作流程】

根据任务说明依次点击"核心业务系统""开工交接完工管理""流水轧账"，进入对应业务操作页面（以下步骤默认为执行快查），根据重要提示"当前柜员为盛庚盼"，选择"轧账柜员"为"115791-盛庚盼"，操作界面同"凭证轧账"。

（五）柜员完工

【操作流程】

根据任务说明依次点击"核心业务系统""开工交接完工管理""柜员完工"，进入对应业务操作页面（以下步骤默认为执行快查），根据任务说明及重要提示"当前柜员为盛庚盼"，选择"操作类型"为"2-完工"，点击"提交"按钮，如图3-14所示。

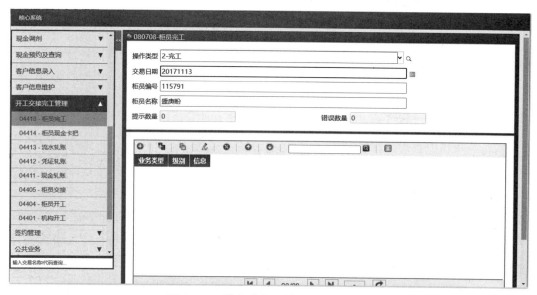

图3-14 核心业务系统——柜员完工

◇ 案例分析

柜员交接工作的重要性

某银行支行某分理处综合柜员周某，某年7月4日收到调令，其被调至另一分理处工作。同日下午，周某在会计主管的监督下办理了移交手续，并上缴了其柜员卡，该卡被锁入会计主管的抽屉（此时周某未交出营业所的钥匙），4日（周五）晚至6日（周日）13时前，周某窃取了自己的柜员卡和另一员工的柜员卡，于6日下午分别从某信用社账户，分5笔将钱转入自己和另一人的借记卡内，并于同日下午至7日下午在省内多个县市营业网点分24笔提取了79.81万元。同年10月10日周某被抓获归案，追回赃款46万元。

分析：

该案例中，柜员调动办理交接存在严重违规。某中未严格办理移交手续是导致案件发生的直接原因。7月4日下午会计主管收缴了周某的柜员卡后本应在日终前予以注销，柜员状态应及时更改，但这些工作都没有按时完成。柜员卡未妥善保管，而是放在了会计主管的抽屉内，属于严重违规。

同时，该案件中未按规定办理全部移交工作。移交手续办理后，未及时要求周某交出营业场所的钥匙，以致周某能从容进入营业场所，窃取柜员卡并作案。

案例揭示的主要风险点包括：(1) 已调离柜员的操作卡未及时上交、柜员卡未及时注销；(2) 柜员临时离职、离岗或轮休未按规定办理交接手续；(3) 柜员离岗时，柜员操作卡不入箱加锁保管被盗用。

(来源：中信银行长沙分行会计部，《柜面操作风险案例培训》。)

第二节　个人业务

一、个人存款

【实训目标】

1. 了解个人银行结算账户的含义及其管理的有关规定。
2. 掌握个人银行结算账户的开立、变更和撤销要点。

【基础知识1】个人账户管理

个人银行结算账户是指存款人凭个人身份证件以自然人名称开立的银行结算账户。个人因使用借记卡、信用卡在银行开立的银行结算账户，纳入个人银行结算账户管理。个人账户管理包括商业银行根据中国人民银行印发的《人民币银行结算账户管理办法》要求，运用信息化手段，对银行结算账户的开立、使用、变更和撤销进行规范管理。

【基础知识2】个人存款账户种类

根据币种不同可分为人民币存款账户和外币存款账户。个人活期存款是指在开户时不约定存取款日期，客户可以随时存取、存取款金额不限的一种个人储蓄方式。与之相对应的则是个人定期储蓄存款。无论是活期存款还是定期储蓄存款，我国商业银行都严格执行"存款自愿""取款自由""存款有息"和"为储户保密"的存款原则，充分保护储户的权益。

（一）个人开卡

【基础知识】银行借记卡

它是商业银行向社会发行的具有消费结算、转账支付、存取现金、账户管理等全部或部分功能的金融支付结算工具,必须先存后支,不提供透支服务。与之相对的则是银行贷记卡,例如信用卡。

【实训任务】个人开卡

任务说明：

2017年5月12日,教师关俪英首次来银行办理个人开卡业务,银行卡需要设置查询密码,同时从户名为周佑京的卡中转出61 520元作为开户资金。柜员在核实客户个人信息无误后,为客户办理以上业务。

重要提示：

1. 客户相关信息如下：

(1) 姓名：关俪英。

(2) 证件类型：身份证。

(3) 证件号码：120223199211083965。

(4) 地址：天津市和平区贵州路正和公寓4号楼502室。

(5) 发证机关：天津市公安局和平分局。

(6) 证件有效期：2015年2月27日—2035年2月27日。

(7) 民族：汉。

(8) 性别：女。

(9) 婚姻状况：已婚。

(10) 教育程度：硕士。

(11) 职业代码：事业单位人员。

(12) 月收入：7 500元。

(13) 邮编：300000。

(14) 联系电话：13516210960。

2. 客户新开卡号：6217790001100215437。

3. 周佑京相关信息如下：

(1) 账号：6217790001096501982。

(2) 身份证号码：370303197804087414。

【操作流程】

根据任务说明判断该客户是否首次在任务所指银行办理开户或开卡业务,首次开户或开卡须依次进行"个人客户联网核查""个人客户身份核实""建立个人客户信息"操作,再完成个人开户或开卡业务。

1. 个人客户联网核查

【操作流程】

(1) 本任务已在任务说明中明确客户为首次前来办理业务,故首先须办理"个人客户联网核查"。依次点击"核心业务系统""客户信息维护""个人客户联网核查"。

(2) 根据重要提示,选择"证件类型"为"1-居民身份证",输入"证件号码"为

"120223199211083965",输入"姓名"为"关俪英",执行快查,选择"核查结果"为"00 -公民身份证号码与姓名一致,且存在照片",点击页面"提交"按钮,完成"个人客户联网核查"业务操作。详情如图 3 - 15 所示。

图 3 - 15 个人客户联网核查

2. 个人客户身份核实

【操作流程】

(1) 办理"个人客户身份核实"业务,依次点击"核心业务系统""客户信息维护""个人客户身份核实",打开操作页面。

(2) 根据重要提示,选择"证件类型"为"1 -居民身份证",输入"证件号码"为"120223199211083965",执行快查,输入"姓名"为"关俪英",执行快查。下拉至"核实信息"页签,选择"核查结果"为"00 -公民身份证号码与姓名一致,且存在照片",选择"核实结果"为"1 -真实"。页面信息填写完毕,点击页面"提交"按钮,弹出提示框"提交成功",完成"个人客户身份核实"业务操作。详情如图 3 - 16 所示。

图 3 - 16 个人客户身份核实

3. 建立个人客户信息

【操作流程】

（1）完成以上步骤，即可在"核心业务系统"内依次点击"客户信息录入""建立个人客户信息"，进入对应客户信息录入页面，根据任务说明及重要提示填写页面信息（以下步骤默认为执行快查），详情如图 3-17 所示。

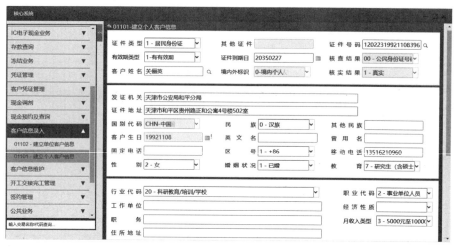

图 3-17 建立个人客户信息

（2）根据重要提示，选择"证件类型"为"1-居民身份证"，输入"证件号码"为"120223199211083965"，"证件到期日"为"20350227"，"客户姓名"为"关俪英"。

（3）根据重要提示，输入"发证机关"为"天津市公安局和平分局"，"证件地址"为"天津市和平区贵州路正和公寓 4 号楼 502 室"，选择"民族"为"0-汉族"，"区号"为"1-+86"，输入"移动电话"为"13516210960"，选择"性别"为"2-女"，"婚姻状况"为"1-已婚"，"教育"为"7-研究生（含硕士学位）"。

（4）根据任务说明"教师关俪英"及重要提示，选择"行业代码"为"20-科研教育/培训/学校"，"职业代码"为"2-事业单位人员"，"月收入类型"为"3-5 000 元至 10 000 元（含）"。

（5）因客户为本人办理业务，不存在代理人，故无需填写"代理人信息"页签内容。页面信息填写完毕，点击页面"提交"按钮，页面弹出"提交成功"及"客户号"提示框，表示已成功提交本页面内容，系统已为客户生成客户号。

4. 个人开卡

【操作流程】

完成"建立个人客户信息"业务后，即可在"核心业务系统"内依次点击"个人存款""个人开卡"，打开对应操作页面，根据任务说明及重要提示完成页面信息填写，具体如下：

（1）根据重要提示，选择"证件类型"为"1-居民身份证"，"证件号码"为

"120223199211083965",输入"客户名称"为"关俪英"。

（2）根据重要提示，输入"卡号"为"6217790001100215437"，选择"分级类型"为"1-Ⅰ类个人账户"。任务说明"同时从户名为周佑京的卡中转出61 520元作为开户资金"，选择"现转标志"为"2-转账"，输入"开户金额"为"61 520.00"。任务说明"银行卡需要设置查询密码"，选择"查询密码"为"Y-是"，输入"查询密码""支取密码"（本任务不作相关要求，需自行设立查询与支取密码）。

（3）当"现转标志"选择为"2-转账"，需要填写"转出方账户信息"页签内容。根据重要提示，选择"账户类型"为"1-个人"，输入"转出账/卡号"为"6217790001096501982"，输入"支取密码"（本任务不作相关要求，需自行设立支取密码），选择"证件类型"为"1-居民身份证"，输入"证件号码"为"370303197804087414"。详情如图3-18所示。

（4）完成页面信息填写后，点击页面"提交"按钮，将弹出"集中授权申请"页面，因本任务为本人转账开卡，转出账户为个人且金额50万以下，故勾选"客户头像""开户人身份证原件正面""开户人身份证原件反面""开户人身份核查结果""转出介质及新开介质"。

（5）点击授权页面"提交"按钮，页面提示"提交成功"，点击"确定"按钮，页面将弹出交易打印页，点击"打印"按钮打印相关凭证，打印成功后，将通用凭证交客户签名。

图3-18 个人开卡——转出方账户信息

（二）个人开户

【实训目标】

1. 了解个人开户业务介质种类与产品范围。
2. 熟悉"个人开户与银行签约服务申请书"的填写内容与填写规范。
3. 掌握个人开户业务操作流程及要点。

【基础知识】个人开户

根据个人存款介质的不同,常分为银行卡开户和存折、存单开户。根据是否约定存期,又可分为个人活期存款和个人储蓄存款。个人储蓄存款是指客户在存款时约定存期,一次或按期分次存入本金,整笔或按期分次支取本金或利息的一种储蓄方式。常见的个人开户是定期存单开户。

【实训任务】个人开户

任务说明:

客户唐卓义先生前来要求从名下借记卡转账4.5万元开立一年期定期存单,本息转存,并设定查询密码。

重要提示:

1. 客户相关信息如下:

(1) 姓名:唐卓义。

(2) 身份证号码:120105197806065337。

(3) 民族:汉族。

(4) 身份证地址:天津市宁河区岳龙镇麻坨村北85号。

(5) 身份证发证机关:天津市公安局岳龙分局。

(6) 证件有效期:2015年6月2日—2035年6月2日。

(7) 联系方式:13516250187。

2. 客户借记卡号(本行):6217790001100215438。

3. 客户新开存单凭证号码:0000000020218601。

【操作流程】

1. 根据任务说明依次点击"核心业务系统""个人存款""个人开户",进入对应业务操作页面,并依据任务说明填写页面信息(以下步骤默认为执行快查),详情如图3-19所示。

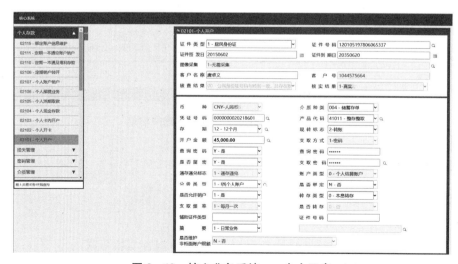

图3-19 核心业务系统——个人开户

(1) 根据任务说明判断该客户是否首次在任务所指银行办理开户或开卡业务,首次开户或开卡须依次进行"个人客户联网核查""个人客户身份核实""建立个人客户信息"操作,再完成个人开户或开卡业务。本任务已在重要提示中说明"客户借记卡号(本行)",即表示客户并非首次在本行办理开户或开卡业务,故无需进行前三个步骤,可直接办理个人开户业务。

(2) 根据任务说明及重要提示,选择"证件类型"为"1-居民身份证",输入"证件号码"为"120105197806065337",点击"证件号码"旁快查按钮,返显"期限类型""证件到期日""客户号""核查结果""核实结果",同时会返显客户信息页签内容。输入"客户姓名"为"唐卓义"。

(3) 任务说明"开立一年期定期存单",重要提示说明"客户新开存单凭证号码:0000000020218601",即选择"介质种类"为"004-储蓄存单",选择"产品代码"为"41011-整存整取",输入"凭证号码"为"0000000020218601",选择"存期"为"12-12个月"。

(4) 任务说明"要求从名下借记卡转账4.5万元",选择"现转标志"为"2-转账",输入"开户金额"为"45 000.00"。根据任务要求及重要提示,选择"账户类别"为"1-个人",输入"转出账/卡号"为"6217790001100215438",输入"支取密码"(本任务不作相关要求,需自行设立支取密码),选择"证件类型"为"1-居民身份证",输入"证件号码"为"120105197806065337"。详情如图3-20所示。

图3-20 个人开户——转出方账户信息

(5) 任务说明"本息转存,并设定查询密码",则选择"转存类型"为"0-本息转存",选择"查询密码"为"Y-是",并输入"查询密码"与"支取密码"(具体密码不作要求,需自行设立)。

(6) 任务未提及具体"分级类型""是否允许销户""是否绑定",则默认开立为Ⅰ类账户,允许销户,不绑定,故选择"分级类型"为"1-Ⅰ类账户",选择"是否允许销户"为

"1-是",选择"是否绑定"为"N-否"。

2. 填写完毕,点击页面"提交"按钮,页面将弹出"集中授权申请"页面,因本任务为本人转账开户,转出账户为个人且金额 50 万元以下,故勾选"客户头像""开户人身份证原件正面""开户人身份证原件反面""开户人身份核查结果""转出介质及新开介质"。

3. 点击授权页面"提交"按钮,页面提示"提交成功",点击"确定"按钮,页面将弹出交易打印页,点击"打印"按钮打印相关凭证,并将通用凭证交客户签名。

(三) 个人卡内开户

【实训目标】

1. 理解个人卡内开户的概念。
2. 掌握个人卡内开户的办理流程。
3. 熟悉办理个人卡内开户的单据填写。

【基础知识】个人卡内开户

个人卡内开户指的是个人银行卡可以签约开通定期存款、理财和生活自动缴费等账户产品及服务。常见的个人卡内存定期,指的就是个人银行卡开通定期存款服务。个人银行购买理财产品,比如基金认购、申购等均属于银行卡签约理财服务。诸如储蓄卡签约鑫存管、信用卡绑定还款等,都属于个人卡内开户的情况。

【实训任务】个人卡内开户

任务说明:

施博康先生携带本人有效证件前来我行要求将本人银行卡内余额的 60% 转存为定期,存期一年,本金转存,到期利息转入本人银行卡,摘要为日常业务。

重要提示:

1. 客户相关信息如下:

(1) 身份证号码:320107199305198799。

(2) 联系方式:13750384699。

2. 卡号:6217790001100200246。

3. 卡内余额:184 000.00。

【操作流程】

1. 根据任务说明依次点击"核心业务系统""个人存款""个人卡内开户",进入对应业务操作页面,并依据任务说明及重要提示信息填写页面信息(以下步骤默认为执行快查),详情如图 3-21 所示。

(1) 根据任务说明"施博康先生携带本人有效证件前来我行要求将本人银行卡内余额的 60% 转存为定期,存期一年,本金转存"及重要提示信息,输入"卡号"为"6217790001100200246",执行快查后返显"分级类型""账户名称""介质种类""凭证号码""币种",选择"产品代码"为"41011-整存整取",选择"存期"为"12-12 个月",选择

图 3‑21 核心业务系统——个人卡内开户

"现转标志"为"2‑转账",输入"开户金额"为"110 400.00",选择"转存类型"为"1‑本金转存",选择"证件类型"为"1‑居民身份证",输入"证件号码"为"320107199305198799",并填写转出方账户信息。

(2)转出方账户信息:选择"账户类别"为"1‑个人",输入"转出账/卡号"为"6217790001100200246",执行快查后返显"转出方户名""分级类型""余额""介质种类""介质号码""支取方式""是否留密",输入任意六位数为"支取密码",选择"证件类型"为"1‑居民身份证",输入"证件号码"为"320107199305198799"。

(3)根据任务说明"到期利息转入本人银行卡,摘要为日常业务"及重要提示信息,选择"摘要"为"1‑日常业务",转存信息:输入"利息转入账/卡号"为"6217790001100200246","利息转入户名"为"施博康",如图 3‑22 所示。

图 3‑22 个人卡内开户——转存信息

2. 完成信息录入后,点击"提交"按钮,页面将弹出"集中授权申请"页面,因本任务为客户本人办理个人卡内转账开户,且开户金额高于10万元,故勾选"客户头像""本人身份证原件正面""本人身份证原件反面""本人身份核查结果""介质"。

3. 点击授权页面"提交"按钮,页面提示"提交成功",点击"确定"按钮,页面将返回"个人卡内开户"页面,并提示"提交成功",点击"确定"按钮,页面弹出交易打印页,点击"打印"按钮,打印相关凭证并交客户签名,关闭打印页面,完成"个人卡内开户"业务所有操作。

(四) 个人现金存款

【实训目标】

1. 掌握识别假币的知识和方法。
2. 掌握个人现金存款业务操作流程及要点。

【基础知识】个人现金存款

柜员根据客户口述存款要求,先清点现金,核对账号、户主本人身份证件、姓名、手机号码等重要信息,根据操作系统提示进行个人现金存款操作。涉及代理的,需要核验并登记代理人姓名、身份证件和手机号码。若为大额存款交易(且代理人),需核验并登记户主(和代理人)姓名、身份证件和手机号码。个人活期取款的原则先"先收钱后记账"。

【实训任务】个人现金存款

任务说明:

客户孔海柔女士携带本人有效证件、存折以及现金(公司所发奖金)前来我行,要求将现金6.85万元存入名下存折。

重要提示:

1. 客户相关信息如下:

(1) 姓名:孔海柔。

(2) 证件类型:居民身份证。

(3) 证件号码:320107199305198789。

(4) 联系方式:13815418741。

2. 客户账号:810000000003487104。

3. 存折余额:190 540.00。

【操作流程】

1. 根据任务说明依次点击"核心业务系统""个人存款""个人现金存款",进入对应业务操作页面,并依据任务说明填写页面信息。

(1) 任务说明"客户孔海柔女士携带本人有效证件、存折以及现金(公司所发奖金)前来我行",选择"有无卡折"为"1-有卡/有折",输入重要提示内提示的"账/卡号"为

"810000000003487104",并执行快查,返显"序号""分级类型""账户名称"等信息。

(2)根据重要提示,输入"存折余额"为"190 540.00"。

(3)根据任务说明"要求将现金 6.85 万元存入名下存折",填写"交易金额"为"68 500.00"。

(4)输入重要提示内提示信息,"证件类型"为"1-居民身份证","证件号码"为"320107199305198789"。

(5)任务说明"现金(公司所发奖金)",选择"摘要"为"1-日常业务"。详情如图 3-23 所示。

图 3-23 核心业务系统——个人现金存款

2. 业务信息页面填写完毕后,点击"提交"按钮,页面提示"提交成功",点击"确定"按钮,页面将弹出交易打印页,点击"打印"按钮打印相关凭证并交客户签名,关闭打印页面,完成"个人现金存款"业务所有操作。

◇ 案例分析

柜台兑换零钞进行诈骗案件

2009 年 6 月 3 日上午 10 时 10 分,一名中年男子来到某银行网点办理零钞兑换业务,支行实习柜员 G 热情地接待了客户。首先该男子要求柜员将 7 000 元 50 元面额的零钞兑换成 100 元面额的现金,柜员 G 将其递入的现金清点完毕后,从尾箱中取出 7 000 元 100 元面额的现金兑换给了客户。该男子接到 7 000 元百元现金后,在柜员面前将其对折了一下,然后把钱退回柜台说:有新钞或者新一点的钞票没有,麻烦帮兑换成新钞。当柜员接到该男子重新递入的现金后,感觉厚度与刚才明显不同,此时用验钞机清点发现百元现钞已经只剩下 4 200 元,应为客户在接触到百元现钞的瞬间从中抽出了 28 张。该男子见柜员严格按照流程清点现金,并已识破其诈骗手法,称自己只准备兑换 4 200 元后迅速离开了营业大厅。

分析：

1. 柜员在办理业务时,应严格按照操作流程及相关制度要求办理,对于客户办理零钞兑换业务时应一笔一清,保证每笔业务准确无误；现金离柜后再次收回,无论是否离开柜台,是否离开柜员视线,柜员都应将经手现金再次复点,把控风险,以防犯罪分子抽走或放入部分钱钞。

2. 犯罪分子多通过团伙配合或节外生枝的手段分散柜员注意力,柜台人员应时刻保持高度警惕,如遇客户频繁兑换零钞并与柜员持续交谈分散其注意力时,应保持清醒,不能让犯罪分子有机可乘。

（来源：中信银行长沙分行会计部,《柜面操作风险案例培训》。）

（五）个人活期取款

【实训目标】

1. 了解个人活期取款的规定。
2. 掌握个人活期取款业务办理流程和对应的操作要点。

【基础知识】个人活期取款

柜员根据客户口述取款要求,核对账号、密码、户主本人身份证件、姓名、手机号码等重要信息,根据操作系统提示进行个人现金取款操作,客户签字后,清点现金完成取款。涉及代理的,需要核验并登记代理人姓名、身份证件和手机号码。若为大额取款交易(且有代理人),需核验并登记户主(和代理人)姓名、身份证件和手机号码。个人活期取款的原则为"先记账后付款"。

【实训任务】个人活期取款

任务说明：

范瑷女士前来我行代替客户关俪英女士转账给周佑京先生 705 元,并要求实时到账。

重要提示：

1. 客户相关信息如下：

(1) 姓名：关俪英。

(2) 证件类型：身份证。

(3) 证件号码：120223199211083965。

(4) 联系电话：13516210960。

2. 代理人相关信息如下：

(1) 身份证号码：120223198103232922。

(2) 联系方式：15487032199。

3. 周佑京卡号:6217790001096501982(有实体卡)。

4. 客户关俪英卡号:6217790001100215437。

【操作流程】

1. 根据任务说明依次点击"核心业务系统""个人存款""个人活期取款",进入对应业务操作页面,并依据任务说明填写页面信息。

(1) 根据任务说明"转账给周佑京先生705元"及重要提示,输入"账/卡号"为"6217790001100215437",选择"现转标志"为"2-转账",输入"支取密码"(本任务不作相关要求,需自行设立支取密码),输入"交易金额"为"705.00"。输入"证件类型"为客户本人证件类型"1-居民身份证",输入"证件号码"为"120223199211083965"。

(2) 根据任务说明"范瑗女士前来我行代替客户关俪英女士转账"及重要提示,选择"代理人证件类型"为"1-居民身份证","代理人证件号码"为"120223198103232922","代理人姓名"为"范瑗","代理人联系方式"为"15487032199"。

(3) 因"现转标志"选择为"2-转账",故要求填写"转入方账户信息"。选择"账户类别"为"1-个人",根据重要提示,选择"有无卡折"为"1-有卡/有折",填写"转入账/卡号"为"6217790001096501982",根据任务说明"并要求实时到账",选择"到账方式"为"0-实时到账"。详情如图3-24所示。

图3-24 个人活期取款——转入方账户信息

2. 填写完毕,点击"提交"按钮,弹出交易打印页。点击"打印"按钮打印凭证,打印完成后,将通用凭证交客户签名并关闭打印页,页面显示"提交成功",点击"确定"按钮,完成"个人活期取款"业务所有操作。

◇ 案例分析

大额取款未预约

一次,一朋友去银行网点取钱,金额为 13 万元。结果银行当时不予支取,理由是:5 万元以上属大额,至少要提前一天预约。柜员说:"您可以转账呀!"跨行转账要付手续费,虽然不多,但朋友认为给得冤枉。最后朋友只得多跑几个网点,每个网点取款 5 万元以下,这才凑齐了数额。事情并没有完,因为朋友不服气:不是存款自愿、取款自由吗?于是,他找业内人士咨询,上网搜索,终于找到规定依据,心里便有了底气。再去银行取大额款项时,他不慌不忙地道出人民银行的规定——取 20 万元以下的现金不需要预约,并报出文件的编号:银发〔1997〕339 号。如果银行坚持不取,他就投诉,结果每次都能如愿。事实上,上述规定早在 2007 年 1 月 5 日已被废止。目前,大额现金支取并没有统一的相关规章和规范性文件。

分析:

柜员不应直接拒绝为顾客办理业务,而应想办法帮助客户解决出现的问题,可以说:"取款 5 万元以上必须提前和我们预约,我们这没有那么大的现金库存,您看这样行不行,我先给您少取一点钱,再给您联系其他营业网点看看有没有资金。"详细耐心地向顾客做好解释工作,说明确实是库存现金较少而无法支取,并请求顾客的谅解。

(来源:余江,《大额取款的尴尬与思考》。)

(六) 个人部提业务

【实训目标】

1. 掌握个人部提业务办理流程和对应的操作要点。
2. 熟悉个人部提业务的操作步骤以及操作要点。

【基础知识】 个人部提业务

银行根据客户提供的存款权利凭证和身份证件(涉及代理的还需代理人的身份证件)办理定期取款业务。针对提前支取的部分存款,按支取日挂牌活期存款利率计付息。未支取部分存款仍按照原起息日、原期限、原利率、原到期日开出新的存款权利凭证。个人部提只要定期存款余额不低于起存金额,不限部提次数。

【实训任务】 个人部提业务

任务说明:

唐卓义先生携带本人存单前来我行,决定从存单提前支取 1.57 万元,并转入客户名下的借记卡中(无实体卡)。

重要提示:

1. 客户相关信息如下:

(1) 姓名:唐卓义。

(2) 身份证号码:120105197806065337。

(3) 联系方式:13516250187。

2. 客户存单账号:810000000020218601。

3. 客户存折余额:45 000.00。

4. 客户借记卡号:6217790001100215438。

5. 客户新存单凭证号码:0000000020218602。

6. 摘要默认为日常业务。

【操作流程】

1. 根据任务说明依次点击"核心业务系统""个人存款""个人部提业务",进入对应业务操作页面,并依据任务说明及重要提示填写页面信息。

(1) 根据任务说明及重要提示信息,选择"有无卡/折"为"1-有卡/有折",输入"账/卡号"为"810000000020218601",执行快查后返显"序号""账户名称""余额""存款期限""币种""产品代码""介质种类""凭证号码""支取方式""是否留密",输入"折\单余额"为"45 000.00",输入"新凭证号码"为"0000000020218602",选择"现转标志"为"2-转账",输入任意六位数为"支取密码",输入"支取金额"为"15 700.00",选择"证件类型"为"1-居民身份证",输入"证件号码"为"120105197806065337",选择"摘要"为"1-日常业务"。如图3-25所示。

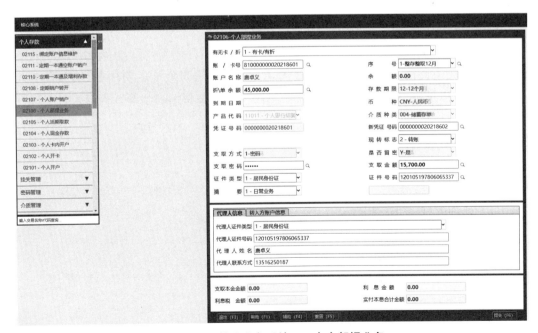

图3-25 核心业务系统——个人部提业务

(2) 填写转入方账户信息:选择"账户类别"为"1-个人",选择"有无卡折"为"2-无卡/无折",输入"转入账/卡号"为"6217790001100215438",执行快查后返显"序号""转入户名""转入介质种类""转入介质号码",选择"转入证件类型"为"1-居民身份证",输入"转入证件号码"为"120105197806065337"。

2. 信息录入完毕后,点击"提交"按钮,页面将弹出"集中授权申请"页面,因本任务为客户本人办理个人部提业务,且为转账至无介质账户,故勾选"客户头像""本人身份证原件正面""本人身份证原件反面""本人身份核查结果""介质及新开介质""个人业务凭条"。

3. 点击授权页面"提交"按钮,页面提示"提交成功",点击"确定"按钮,页面将返回"个人部提业务"页面,并提示"提交成功",点击"确定"按钮,页面弹出交易打印页,点击"打印"按钮,打印相关凭证,并交客户签名,关闭打印页面,完成"个人部提业务"所有操作。

(七) 个人账户销户

【实训目标】
1. 了解并掌握个人账户销户业务操作流程及产品范围。
2. 熟练使用系统对需要销户的账户进行个人账户销户处理。

【基础知识】个人账户销户

它指的是个人银行卡、存单、存折等银行发放的重要凭证,因客户本人原因需要将账户内的资金全额取现或转账提出,并且不保留账号或介质的情况。

【实训任务】个人账户销户

任务说明:

沈昌磊先生此前在我行开立过金额为 1.7 万元整的 3 个月定期存单,现携带本人身份证、存单以及银行卡前来我行将此存单账户销户,并将销户金额转入本人名下银行卡中。

重要提示:

1. 客户相关信息如下:
（1）姓名:沈昌磊。
（2）证件类型:居民身份证。
（3）证件号码:450105199202148217。
（4）联系方式:15043188026。
2. 客户存单账号:810000000020217712。
3. 客户银行卡号:6217790001100210534。

【操作流程】

1. 根据任务说明依次点击"核心业务系统""个人存款""个人账户销户",进入对应业务操作页面,并依据任务说明及重要提示信息填写页面信息。

（1）根据任务说明及重要提示信息,选择"销户类型"为"1-正常销户",选择"有无卡折"为"1-有卡/有折",输入"账/卡号"为"810000000020217712",快查后返显"序号""账户名称""存款期限""到期日期""币种""产品代码""介质种类""凭证号码""支取方式""是否留密",输入"折/单余额"为"17 000.00",输入任意六位数为"支取密码",选择"证件类型"为"1-居民身份证",输入"证件号码"为"450105199202148217",选择"摘要"为"1-日常业务"。

（2）根据任务说明"并将销户金额转入本人名下银行卡中",选择"现转标志"为"2-转账",并填写转入方账户信息：选择"账户类别"为"1-个人",选择"有无卡折"为"1-有卡/有折",输入"转入账/卡号"为"6217790001100210534",快查后返显"序号""转入介质种类""转入介质号码",输入"转入户名"为"沈昌磊",选择"转入证件类型"为"1-居民身份证",输入"转入证件号码"为"450105199202148217"。如图3-26所示。

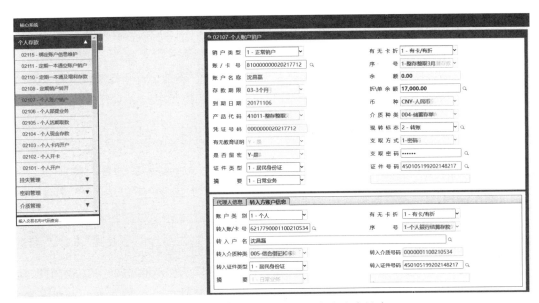

图3-26 核心业务系统——个人账户销户

2. 完成信息录入后,点击"提交"按钮,页面提示"提交成功",因本任务为客户本人办理个人账户销户业务,且为存单到期正常销户,故无需进行集中授权申请,点击"确定"按钮,页面弹出交易打印页,点击"打印"按钮,打印相关凭证并交客户签名,关闭打印页面,完成"个人账户销户"业务所有操作。

（八）定期销户转开

【实训目标】

1. 了解定期销户转开的含义。
2. 掌握定期销户转开的流程以及所需资料。
3. 熟练地在系统内为客户办理定期销户转开业务。

【基础知识】定期销户转开

它指的是个人定期存款由于到期或者客户提前支取等原因,需要销户再转开定期的情况。定期销户转开,实际上是通过一个操作实现旧的定期账号销户和新的定期账号新开的双重目标。

【实训任务】定期销户转开

任务说明:

客户邱靖萱在我行开立的一本通内有一笔存期为12个月的整存整取,该定期存款到期后,客户丈夫何锦到银行代邱靖萱办理定期销户转开业务,将3万元转为一年期定期,本息转存。

重要提示:

1. 代理人信息如下:

(1) 姓名:何锦。

(2) 证件类型:居民身份证。

(3) 证件号码:310108198303109739。

(4) 手机号码:15013574255。

2. 客户邱靖萱名下一本通账号:810000000011083101。

3. 一年定期存款利率:1.8%。

4. 新凭证号码:0000000011088156。

【操作流程】

1. 根据任务说明依次点击"核心业务系统""个人存款""定期销户转开",进入对应业务操作页面,并依据任务说明及重要提示信息填写页面信息。

(1) 根据任务说明及重要提示信息,输入"账/卡号"为"810000000011083101",执行快查后返显"序号""账户名称""币种""产品代码""存款期限""到期日期""介质种类""介质号码""利息金额""本金余额""查询密码""是否留密",输入任意六位数为"支取密码"。

(2) 根据任务说明"将3万元转为一年期定期,本息转存"及重要提示信息,选择"新产品代码"为"41011-整存整取",选择"新存期期限"为"12-12个月",输入"新凭证号码"为"0000000011088156",输入"转开金额"为"30 000.00","应收金额"返显为"1 190.60",输入任意六位数为"支取密码",选择"转存类型"为"0-本息转存"。

(3) 根据任务说明"客户丈夫何锦到银行代邱靖萱办理定期销户转开业务"及重要提示信息,填写代理人信息:选择"代理人证件类型"为"1-居民身份证",输入"代理人证件号码"为"310108198303109739",输入"代理人姓名"为"何锦",输入"代理人联系方式"为"15013574255"。如图3-27所示。

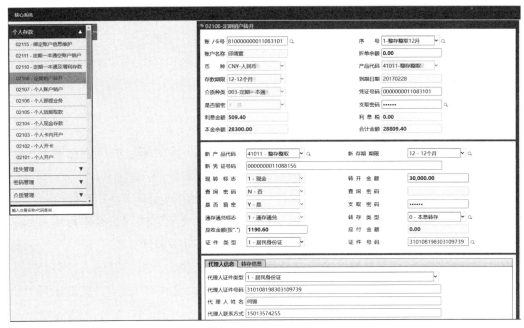

图 3-27 核心业务系统——定期销户转开

2. 信息录入完毕后,点击"提交"按钮,页面提示"提交成功",任务应收金额未高于 10 万元,故无需进行集中授权申请,点击"确定"按钮,页面将弹出交易打印页,点击"打印"按钮,打印相关凭证并交客户签名,关闭打印页面,查看"定期销户转开"页面生成的"新账/卡号""序号",完成"定期销户转开"业务所有操作。

(九)绑定账户信息维护

【实训目标】

1. 了解并掌握绑定账户信息维护业务操作流程及要点。
2. 能够熟练运用系统进行绑定账户信息维护操作。

【基础知识】绑定账户信息维护

绑定账户一般指的是同名行内账户绑定,比如常见的Ⅰ类、Ⅱ类和Ⅲ类账户之间资金进出绑定签约和信用卡绑定同名储蓄卡还款签约。

【实训任务】绑定账户信息维护

任务说明:

客户梁雅玮女士此前在我行开立了一个Ⅰ类账户以及一个Ⅱ类账户,现该客户前来我行要求将两个账户进行绑定。

重要提示:

1. 客户相关信息如下:

(1) 姓名:梁雅玮。

(2)证件类型:居民身份证。

(3)证件号码:430104198801166644。

(4)绑定手机号码:15681200246。

2.Ⅰ类户账号:6217790001100215308。

3.Ⅱ类户账号:6217790001100216446。

【操作流程】

1.根据任务说明依次点击"核心业务系统""个人存款""绑定账户信息维护",进入对应业务操作页面,并依据任务说明及重要提示信息填写页面信息。

根据任务说明及重要提示信息,选择"操作类型"为"0-绑定",输入"账/卡号"为"6217790001100216446",执行快查后返显"账户名称""支取方式""是否本行账号",选择"证件类型"为"1-居民身份证",输入"证件号码"为"430104198801166644",输入任意六位数为"支取密码",选择"Ⅰ类户或信用卡"为"1-Ⅰ类个人账户",输入"绑定账/卡号"为"6217790001100215308",输入"绑定账号户名"为"梁雅玮",输入"绑定账号手机号"为"15681200246"。如图3-28所示。

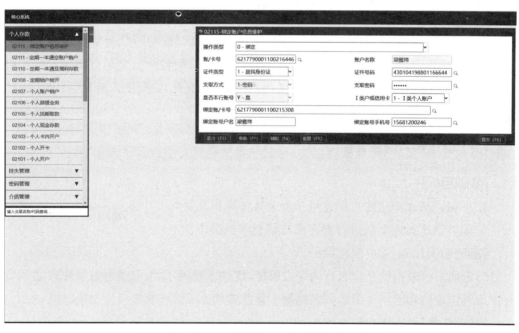

图3-28 核心业务系统——绑定账户信息维护

2.完成信息录入后,点击"提交"按钮,页面提示"提交成功",点击"确定"按钮,页面将弹出交易打印页,点击"打印"按钮打印通用凭证并交客户签名,关闭打印页面,完成"绑定账户信息维护"业务所有操作。

二、挂失管理

【实训目标】

1. 了解个人挂失业务的种类和解挂的情形。
2. 掌握个人挂失业务相关操作流程及要点。
3. 能够熟练运用系统进行个人挂失和解挂业务操作。

【基础知识1】挂失业务的种类

挂失业务根据挂失类别的不同,分为介质挂失、密码挂失和双挂;根据挂失的方式的不同,分为口头挂失和书面挂失。书面挂失为正式挂失,口头挂失为非正式挂失。书面挂失必须在银行柜台办理,常见口头挂失方式为电话挂失。

【基础知识2】挂失业务的特点

挂失业务在柜台办理时,一般要由户主本人携带身份证件或其他公安部门出具的带有头像的身份证明材料方能办理。针对密码挂失的业务,户主本人还需提供相应的个人储蓄介质。针对特殊情况下的挂失代理业务,需要提供经公证部门公证有效的相关权利书面材料原件。

(一) 个人快捷挂失

【基础知识】解挂业务

解挂分为自动解挂和正式解挂。一般而言,口头挂失属于临时性挂失,超过一定期限临时挂失自动失效,账户恢复正常。正式解挂适用于客户密码或者介质找到的情形,该业务需要客户本人到银行柜台填写业务申请书方可办理。

【实训任务】个人快捷挂失

任务说明:

唐卓义先生因定期存单丢失且忘记密码,现携带身份证来办理快捷挂失业务。

重要提示:

1. 客户相关信息如下:

(1) 姓名:唐卓义。

(2) 证件类型:居民身份证。

(3) 证件号码:120105197806065337。

(4) 手机号码:13516250187。

2. 客户账号:810000000020218601。

3. 新凭证号码:0000000020218602。

【操作流程】

1. 根据任务说明依次点击"核心业务系统""挂失管理""个人快捷挂失",进入对应业务操作页面,并依据任务说明及重要提示信息填写页面信息。

根据任务说明及重要提示信息,选择"挂失方式"为"D-快捷密兼书挂",输入"账/卡号"为"810000000020218601",快查后返显"户名""介质种类""凭证号码""原挂失状态""原挂失机构""支取方式""原挂失日期",输入任意六位数为"新支取密码",输入"新凭证号码"为"0000000020218602",选择"证件类型"为"1-居民身份证",输入"证件号码"为"120105197806065337"。如图 3-29 所示。

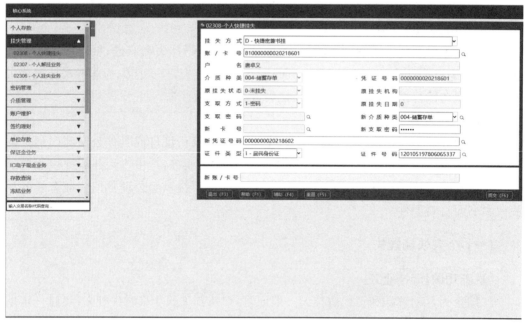

图 3-29 核心业务系统——个人快捷挂失

2. 完成信息录入后,点击"提交"按钮,页面将弹出"集中授权申请"页面,因本任务为本人办理个人快捷挂失业务,故勾选"客户头像""本人身份证原件正面""本人身份证原件反面""本人身份核查结果""新开介质"。

3. 点击授权页面"提交"按钮,页面提示"提交成功",点击"确定"按钮,页面将返回"个人快捷挂失"页面,并提示"提交成功",点击"确定"按钮,页面弹出交易打印页,点击"打印"按钮打印相关凭证并交客户签名,关闭打印页面,完成"个人快捷挂失"业务所有操作。

(二)个人挂失业务

【实训任务】个人挂失业务

任务说明:

由于孔海柔女士不慎将存折遗失,其丈夫何铭携带妻子身份证以及本人有效证件,前来我行代妻子办理书面介质挂失业务。

重要提示:

1. 客户相关信息如下:

(1)姓名:孔海柔。

(2)证件类型:居民身份证。

(3)证件号码:320107199305198789。

(4)联系方式:13815418741。

2.何铭相关信息如下:

(1)证件类型:临时身份证。

(2)证件号码:320107199103275553。

(3)联系方式:15015702135。

3.客户账号:81000000003487104。

【操作流程】

1.根据任务说明依次点击"核心业务系统""挂失管理""个人挂失业务",进入对应业务操作页面,并依据任务说明及重要提示信息填写页面信息。

(1)根据任务说明及重要提示信息,选择"挂失方式"为"2-书挂",选择"挂失类型"为"N-介质挂失",输入"账/卡号"为"81000000003487104",执行快查后返显"户名""介质种类""凭证号码""原挂失状态""原挂失日期""支取方式",输入任意六位数为"支取密码",选择"证件类型"为"1-居民身份证",输入"证件号码"为"320107199305198789"。

(2)根据任务说明"其丈夫何铭携带妻子身份证以及本人有效证件,前来我行代妻子办理"及重要提示信息,填写代理人信息:选择"代理人证件类型"为"2-临时居民身份证",输入"代理人证件号码"为"320107199103275553",输入"代理人姓名"为"何铭",输入"代理人联系方式"为"15015702135"。如图3-30所示。

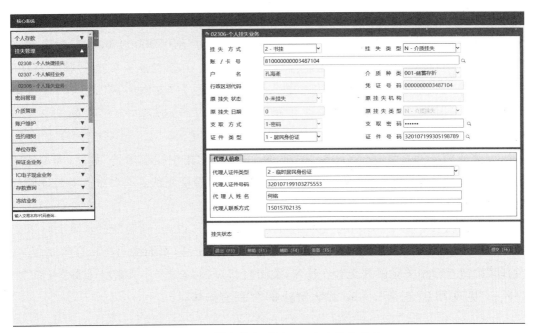

图3-30 核心业务系统——个人挂失业务

3. 完成信息录入后,点击"提交",弹出"集中授权申请"页面,因本任务为代办理个人挂失业务,且为书挂,故勾选"客户头像""本人及代理人身份证原件正面""本人及代理人身份证原件反面""本人及代理人身份核查结果"。

4. 点击授权页面"提交",页面提示"提交成功",点击"确定"按钮,页面将返回"个人挂失业务"页面,并提示"提交成功",点击"确定"按钮,页面弹出交易打印页,点击"打印"按钮打印相关凭证并交客户签名,完成"个人挂失业务"业务所有操作。

(三) 个人解挂业务

【实训任务】个人解挂业务

任务说明:
一周后,孔海柔女士找回此前遗失的存折,前来办理解挂业务。

重要提示:

1. 客户相关信息如下:
(1) 姓名:孔海柔。
(2) 证件类型:居民身份证。
(3) 证件号码:320107199305198789。
(4) 联系方式:13815418741。

2. 客户账号:810000000003487104。

【操作流程】

1. 根据任务说明依次点击"核心业务系统""挂失管理""个人解挂业务",进入对应业务操作页面,并依据任务说明及重要提示信息填写页面信息。

根据任务说明及重要提示信息,输入"账/卡号"为"810000000003487104",快查后返显"账户名称""介质种类""凭证号码""介质挂失状态""挂失类型""挂失日期""挂失机构""解挂方式""支取方式",输入任意六位数为"支取密码",选择"证件类型"为"1-居民身份证",输入"证件号码"为"320107199305198789"。如图3-31所示。

2. 完成信息录入后,点击"提交"按钮,页面将弹出"集中授权申请"页面,因本任务为本人办理个人解挂业务,故勾选"客户头像""本人身份证原件正面""本人身份证原件反面""本人身份核查结果""介质"。

3. 点击授权页面"提交"按钮,页面提示"提交成功",点击"确定"按钮,页面将返回"个人解挂业务"页面,并提示"提交成功",点击"确定"按钮,页面弹出交易打印页,点击"打印"按钮打印相关凭证并交客户签名,关闭打印页面,查看"个人解挂业务"页面"账户状态"更改为"0-正常",完成"个人解挂业务"所有操作。

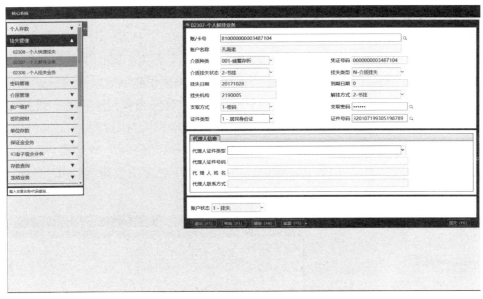

图 3‑31 核心业务系统——个人解挂业务

三、密码维护

【实训目标】

1. 掌握支取密码和查询密码维护业务操作流程及要点。

2. 能够熟练运用系统进行支取密码和查询密码维护业务操作。

【基础知识】密码维护的种类和特点

密码维护一般分为支取密码和查询密码,其中支取密码即取款密码。客户根据个人需要可以对账户单独设定一个查询密码,以实现账户共管和提高账户安全级别等目的。

(一)支取密码维护

【实训任务】支取密码维护

任务说明:

某国有企业职员唐卓义先生此前已在我行开立过借记卡一张,由于唐先生忘记该借记卡的支取密码,现前来我行进行密码维护。

重要提示:

1. 客户相关信息如下:

(1)姓名:唐卓义。

(2)证件类型:居民身份证。

(3)证件号码:120105197806065337。

(4)手机号码:13516250187。

2. 客户卡号：6217790001100215438。

【操作流程】

1. 根据任务说明依次点击"核心业务系统""密码管理""支取密码维护"，进入对应业务操作页面，并依据任务说明及重要提示信息填写页面信息。

根据任务说明"由于唐先生忘记借记卡支取密码，现前来我行进行密码维护"及重要提示信息，选择"操作类型"为"1-重置"，输入"账/卡号"为"6217790001100215438"，执行快查后返显"账户名称""介质种类""凭证号码"，选择"证件类型"为"1-居民身份证"，输入"证件号码"为"120105197806065337"，输入任意六位数为"新支取密码"。如图3-32所示。

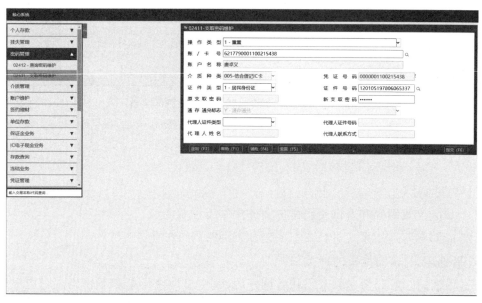

图3-32 核心业务系统——支取密码维护

2. 信息录入完毕后，点击"提交"按钮，页面将弹出"集中授权申请"页面，因本任务为客户本人办理重置支取密码业务，故勾选"客户头像""本人身份证原件正面""本人身份证原件反面""本人身份核查结果""介质"。

3. 点击授权页面"提交"按钮，页面提示"提交成功"，点击"确定"按钮，页面将返回"支取密码维护"页面，并提示"提交成功"，点击"确定"按钮，页面弹出交易打印页，点击"打印"按钮打印相关凭证并交客户签名，关闭打印页面，完成"支取密码维护"业务所有操作。

（二）查询密码维护

【实训任务】查询密码维护

任务说明：

我行客户沈昌磊先生由于不慎遗忘银行卡查询密码，现其朋友赵慧蔚携带客户身份证以及本人有效证件前来我行办理查询密码维护业务。

重要提示:

1. 客户相关信息如下:

(1) 客户姓名:沈昌磊。

(2) 证件类型:居民身份证。

(3) 证件号码:450105199202148217。

(4) 联系方式 15043188026。

2. 赵慧蔚相关信息如下:

(1) 证件类型:护照。

(2) 证件号码:G50021365。

(3) 联系方式:13480245516。

2. 客户银行卡号:6217790001100210534。

【操作流程】

1. 根据任务说明依次点击"核心业务系统""密码管理""查询密码维护",进入对应业务操作页面,并依据任务说明及重要提示信息填写页面信息。

(1) 根据任务说明及重要提示,选择"操作类型"为"3-重置",输入"账/卡号"为"6217790001100210534",执行快查后返显"账户名称""介质种类""凭证号码"。

(2) 根据任务说明"现其朋友赵慧蔚携带客户身份证以及本人有效证件前来我行办理"及重要提示信息,选择"证件类型"为"1-居民身份证",输入"证件号码"为"450105199202148217",输入任意六位数为"新查询密码",选择"代理人证件类型"为"10-中国护照",输入"代理人证件号码"为"G50021365",输入"代理人姓名"为"赵慧蔚",输入"代理人联系方式"为"13480245516"。如图3-33所示。

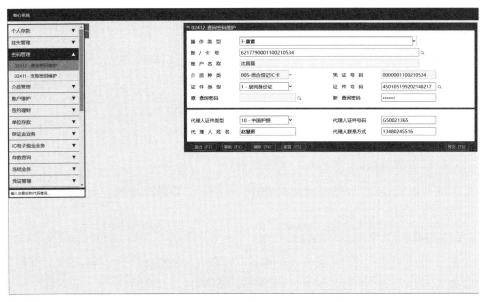

图3-33 核心业务系统——查询密码维护

2. 信息录入完毕后,点击"提交"按钮,页面将弹出"集中授权申请"页面,因本任务为代理人办理重置查询密码业务,故勾选"客户头像""本人及代理人身份证原件正面""本人及代理人身份证原件反面""本人及代理人身份核查结果""代理人办理相关证明""介质""现场审核"。

3. 点击授权页面"提交"按钮,页面提示"提交成功",点击"确定"按钮,页面将返回"查询密码维护"页面,并提示"提交成功",点击"确定"按钮,弹出交易打印页,点击"打印"按钮打印相关凭证并交客户签名,关闭打印页面,完成"查询密码维护"业务所有操作。

四、其他

【实训目标】

1. 掌握个人客户信息和账户信息维护业务操作流程及要点。
2. 能够熟练运用系统进行客户信息和账户信息维护业务操作。

【基础知识】信息维护

信息维护分为客户信息和账户信息维护。客户信息维护一般包括姓名、身份证号码、年龄、家庭住址、手机号码、工作单位及地址等。账户信息维护常见的为账户资金流出限额维护,包括取现和转账单笔和日累计限额等。

(一)个人客户信息维护

【实训任务】个人客户信息维护

任务说明:

客户葛彤女士在一家私营旅社担任导游一职,由于工作需要更换了手机号码,现前来我行维护个人信息。

重要提示:

1. 客户相关信息如下:

(1) 姓名:葛彤。

(2) 证件类型:居民身份证。

(3) 证件号码:350212199406044966。

(4) 发证机关:厦门市公安局。

(5) 证件地址:厦门市思明区厦禾路1036号十楼D59。

2. 更换后手机号码:13459475158。

【操作流程】

根据任务说明依次点击"核心业务系统""客户信息维护""个人客户信息维护",进入对应业务操作页面,并依据任务说明填写页面信息。

(1) 根据重要提示,选择"证件类型"为"1-居民身份证",输入"证件号码"为

"350212199406044966"。

（2）根据重要提示，输入"发证机关"为"厦门市公安局"，"证件地址"为"厦门市思明区厦禾路1036号十楼D59"，选择"区号"为"1-+86"，输入"移动电话"为"13459475158"。

（3）根据任务说明"客户葛彤女士在一家私营旅社担任导游一职"，选择"行业代码"为"24-旅游/餐饮/饭店"，"职业代码"为"7-私营企业职员"。如图3-34所示。

图3-34 核心业务系统——个人客户信息维护

信息填写完毕，点击页面"提交"按键，提交本页信息，页面弹框显示"提交成功"，完成本业务所有操作。

（二）个人账户信息维护

【实训任务】个人账户信息维护

任务说明：

客户沈昌磊前来我行设定非柜面转账限额，并将单笔限额设为100 000，日累计限额设为1 000 000，允许销户。

重要提示：

1. 客户相关信息如下：

（1）姓名：沈昌磊。

（2）证件类型：居民身份证。

（3）证件号码：450105199202148217。

（4）联系方式：15043188026。

2. 客户账号：810000000010705174。

3. 客户设置非柜面转账限额如下：

（1）借方日限额：150 000.00。

（2）借方年限额：9 500 000.00。

(3) 借方日交易笔数:50。
(4) 借方年交易笔数:3 000。

【操作流程】

1. 根据任务说明依次点击"核心业务系统""账户维护""个人账户信息维护",进入对应业务操作页面,并依据任务说明及提示信息填写页面信息。

(1) 根据任务说明及重要提示信息,输入"账/卡号"为"810000000010705174",执行快查后返显"序号""账户名称""币种""产品代码""存款期限""分级类型""到期日期""介质种类""凭证号码""是否允许转不动户""支取方式""账户类型""ATM单笔转账限额""ATM日转账限额""ATM单笔取现限额""ATM日取现限额",同时返显账户持有人信息。

(2) 根据任务说明"并将单笔限额设为100 000,日累计限额设为1 000 000,允许销户",输入任意六位数为"支取密码",输入"单笔限额"为"100 000.00",输入"日累计限额"为"1 000 000.00",选择"是否允许销户"为"1-是"。

(3) 根据任务说明"设定非柜面转账限额"及重要提示信息,选择"是否维护非柜面账户余额"为"Y-是",并填写非柜面账户限额维护信息:输入借方日限额维护的"金额"为"150 000.00",输入借方年限额维护的"金额"为"9 500 000.00",输入借方日交易的"笔数"为"50",输入借方年交易的"笔数"为"3 000"。如图3-35所示。

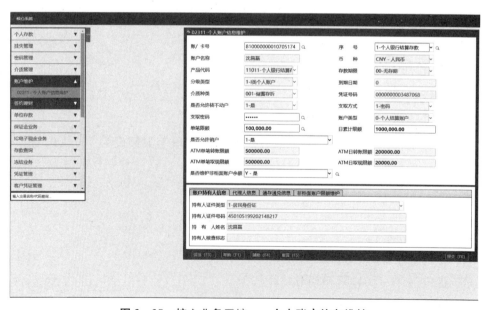

图3-35 核心业务系统——个人账户信息维护

2. 完成信息录入后,点击"提交"按钮,页面将弹出"集中授权申请"页面,因本任务为客户本人办理个人账户信息维护业务,故勾选"客户头像""本人身份证原件正面""本人身份证原件反面""本人身份核查结果""介质"。

3. 点击授权页面"提交"按钮,页面提示"提交成功",点击"确定"按钮,页面将返回"个人账户信息维护"页面,并提示"提交成功",点击"确定"按钮,页面弹出交易打印页,点击"打印"按钮打印相关凭证并交客户签名,关闭打印页面,完成"个人账户信息维护"业务所有操作。

第三节 对公业务

一、单位活期开户综合业务

【实训目标】
1. 了解单位客户信息的主要范围和单位活期账户的分类。
2. 掌握新建单位客户信息和开立单位活期账户业务操作流程及要点。
3. 能够熟练运用系统建立单位客户信息和开立单位活期账户业务操作。

【基础知识1】单位客户信息

单位客户信息可分为营业执照信息和非营业执照信息。营业执照信息是单位的基础信息,包括单位名称、统一社会信用代码、单位注册地址、经营范围、公司法人、成立日期等重要信息。非营业执照信息包括手机号码、电话号码、财务人员信息、公司的经营地址、营业收入等信息。单位客户信息发生变更时,需及时到银行柜台办理变更手续。

【基础知识2】单位活期账户

单位活期账户是以单位名称开立的银行结算账户,又称单位银行结算账户。单位活期账户按用途一般分为基本存款账户、一般存款账户、专用存款账户、临时存款账户。商业银行须严格按照中国人民银行关于单位账户管理的办法要求对单位活期存款账户进行分类管理。

【实训任务】单位活期开户综合业务

任务说明:

天津市云道有限公司是一家电子设备、机械零部件制造加工的企业,成立于2007年3月18日,注册资金1 800万元。2017年6月13日,因业务发展该公司财务人员到我行申请开立基本存款账户,并通过柜面对账。

重要提示:

1. 企业相关信息如下:

(1) 行业类别:制造业。

(2) 公司类型:有限责任公司。

(3) 企业规模:中型企业。

(4) 纳税人类型:一般纳税人(非同业)。

(5) 营业期限:30年。

(6) 统一社会信用代码:91120223589780301C。

(7) 邮编:300000。

(8) 注册地址:天津市静海县①沿庄镇西禅房村。

(9) 办公地址:天津市河西区柳江路东侧恒盛大厦1803。

(10) 经营范围:电子设备、机械零部件制造加工。

2. 法人相关信息如下:

(1) 法人:郎杰盛。

(2) 性别:男。

(3) 民族:汉。

(4) 身份证号码:120102197909106673。

(5) 证件到期日:2020年8月29日。

(6) 法人电话:18976656532。

(7) 办公室电话:022-83750137。

3. 财务人员信息如下:

(1) 姓名:钱贞嫣。

(2) 性别:女。

(3) 民族:汉。

(4) 身份证号码:120223197904141686。

(5) 证件到期日:2022年11月5日。

(6) 财务人员电话:15940246570。

4. 基本户为活期计息不通存通兑账户。

【操作步骤】

根据任务说明判断该单位客户是不是首次在任务所指银行办理单位活期开户业务,首次办理单位活期开户须先进行"建立单位客户信息"操作,再完成"单位活期开户操作"。根据任务说明"申请开立基本存款账户",判断该客户并未在任务所指银行开立过基本存款账户,故必须先进行"建立单位客户信息"操作,后进行"单位活期开户"操作。

(一) 建立单位客户信息

【操作流程】

根据任务说明依次点击"核心业务系统""客户信息录入""建立单位客户信息",进

---

① 2015年天津市的"静海县"被设立为"静海区"。此处之所以用静海县是为与系统保持一致,且系统中信息为虚构。

入对应业务操作页面,并依据任务说明及重要提示信息填写页面信息。

1. 企业相关信息录入:

(1) 选择"证明文件类型"为"C-营业执照",选择"客户类型"为"1-有限责任公司",选择"是否境外机构"为"0-非境外机构",选择"行业分类"为"3-制造业",选择"企业规模"为"2-中型企业",选择"纳税人类型"为"1——般纳税人(非同业)"。

(2) 输入"证明文件号码"为"91120223589780301C",输入"机构中文名称"为"天津市云道有限公司",输入"注册资本"为"1 800.00",输入"证件到期日"为"20370317",输入"登记注册地址"为"天津市静海县沿庄镇西禅房村",输入"邮编"为"300000",输入"经营范围"为"电子设备、机械零部件制造加工",输入"办公地址"为"天津市河西区柳江路东侧恒盛大厦1803",输入"统一社会信用代码"为"91120223589780301C"。

2. 法人相关信息录入:

选择"法人/负责人证件类型"为"1-居民身份证",输入"法人/负责人证件号码"为"120102197909106673",点击"法人/负责人证件号码"旁的快查按钮,返显"法人/负责人中文姓名"和"核查结果",输入"法人/负责人证件到期日"为"20200829",输入"法人办公电话"为"022-83750137",输入"法人移动电话"为"18976656532"。如图3-36所示。

3. 财务人员相关信息录入:

选择"财务人员证件类型"为"1-居民身份证",输入"证件号码"为"120223197904141686",输入"证件到期日"为"20221105",输入"财务人员姓名"为"钱贞嫣",输入"财务移动电话"为"15940246570"。

图3-36 核心业务系统——建立单位客户信息

(二)单位活期开户

【操作流程】

1. 完成"建立单位客户信息"操作后,进行"单位活期开户"操作。

根据任务说明依次点击"核心业务系统""单位存款""单位活期开户",进入对应业务操作页面,并依据任务说明及重要提示信息填写页面信息。

(1)根据重要提示信息,选择"证明文件类型"为"C-营业执照",输入"证明文件号码"为"91120223589780301C",执行快查后返显"账户名称"与"客户号"。

(2)根据任务说明"因业务发展该公司财务人员到我行申请开立基本存款账户",选择"账户标识"为"1-普通账户",选择"产品代码"为"21011-单位活期存款",选择"账户类型"为"1-基本户",选择"提现标志"为"1-是",选择"是否计息"为"Y-是"。

> **小贴士**
>
> 同一单位客户只能开立一个基本账户,如果在同一个网点内已开立基本账户,则不能再开立一般账户,反之亦然。

(3)根据重要提示的财务人员信息,填写财务人员信息:选择"证件类型"为"1-居民身份证",输入"证件号码"为"120223197904141686",输入"姓名"为"钱贞嫣",输入"联系方式"为"15940246570",输入"邮编"为"300000"。如图3-37所示。

(4)根据任务说明"并通过柜面对账",填写对账信息:选择"是否对账"为"Y-是",选择"对账渠道"为"CETS-柜面"。

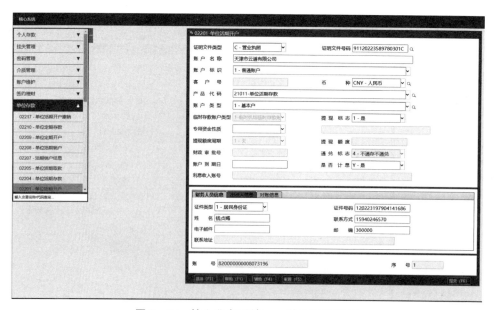

图3-37 核心业务系统——单位活期开户

2. 完成信息录入后,点击"提交"按钮,页面将弹出"集中授权申请"页面,勾选"客户头像""单位负责人及经办人身份证原件正面""单位负责人及经办人身份证原件反面""单位负责人及经办人身份核查结果""开户证明文件""开户申请书""协议""现场审核"。

3. 点击"提交"按钮,页面提示"提交成功",点击"确定"按钮,页面将弹出交易打印页,点击"打印"按钮打印通用凭证并交客户签名,关闭打印页面,查看"单位活期开户"页面返显的"账号"及"序号",完成"单位活期开户"业务所有操作。

二、单位活期存款

【实训目标】
1. 掌握单位活期存款业务操作流程。
2. 能够熟练运用系统进行单位活期存款业务操作。

【基础知识】单位存款管理

凡在我国境内办理人民币单位存款业务的金融机构和参加人民币存款的单位,必须遵守中国人民银行印发的《人民币单位存款管理办法》。同时金融机构对单位活期存款实行账户管理。

【实训任务】单位活期存款

任务说明:

天津市云道有限公司财务人员前来我行将日常业务款386.17万元存入公司基本户中。

重要提示:

1. 财务人员信息:

(1) 姓名:钱贞嫣。

(2) 身份证号码:120223197904141686。

(3) 联系电话:15940246570。

2. 基本户账号:820000000024031681。

【操作流程】

1. 根据任务说明依次点击"核心业务系统""单位存款""单位活期存款",进入对应业务操作页面,并依据任务说明及重要提示信息填写页面信息。

(1) 根据任务说明及重要提示,输入"账号"为"820000000024031681",执行快查后返显"开户机构""账户名称""币种""余额""产品代码""账户类型""现转标志"。

(2) 根据任务说明"将日常业务款386.17万元存入公司基本户中",输入"交易金额"为"3 861 700.00",选择"摘要"为"1-日常业务"。

(3) 根据任务说明"天津市云道有限公司财务人员前来我行"及重要提示信息,填写经办人信息:选择"证件类型"为"1-居民身份证",输入"证件号码"为

"120223197904141686",输入"经办人姓名"为"钱贞嫣",输入"经办人联系方式"为"15940246570"。如图3-38所示。

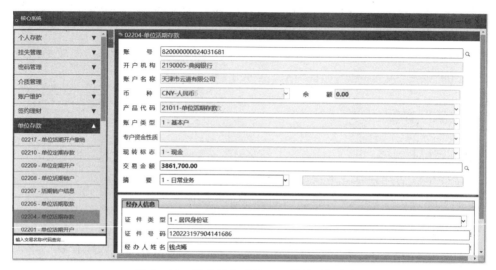

图3-38 核心业务系统——单位活期存款

2.完成信息录入后,点击"提交"按钮,页面将弹出"集中授权申请"页面,因本任务为单位现金存款,且存款金额高于20万,故勾选"客户头像""经办人身份证原件正面""经办人身份证原件反面""经办人身份核查结果""单位现金存款业务凭证""现场审核"。

3.点击"提交"按钮,页面提示"提交成功",点击"确定"按钮,页面将弹出交易打印页,点击"打印"按钮打印通用凭证并交客户签名,关闭打印页面,完成"单位活期存款"业务所有操作。

三、单位活期取款

【实训目标】

1.掌握单位活期取款业务操作流程和要点。

2.能够熟练运用系统进行单位活期取款业务操作。

【基础知识】单位取款管理

单位取款有两种方式,一种是取现,需配套使用现金支票(金额较小的可以使用单位结算卡);另一种则是转账,需配套使用转账支票(金额较小的可以使用单位结算卡)。一般而言,基本账户即可以取现又可以转账办理单位取款业务,而一般账户、专用账户和临时账户只能通过转账方式办理取款业务。

【实训任务】单位活期取款

任务说明:

天津维宜科技有限公司已在我行开立基本存款账户：820000000008021593。2017年8月21日，该公司财务人员持转账支票前来要求将基本户中67.28万元转款至我行客户天津市云道有限公司，并要求普通到账。

重要提示：

1. 天津市云道有限公司基本户：820000000024031681。

2. 支票号码：3140522000454601。

3. 财务人员相关信息如下：

（1）姓名：赵岳。

（2）性别：男。

（3）民族：汉族。

（4）身份证号码：120112197606117933。

（5）财务人员电话：13720682340。

4. 用途：付办公电脑尾款。

【操作流程】

1. 根据任务说明依次点击"核心业务系统""单位存款""单位活期取款"，进入对应业务操作页面，并依据任务说明及重要提示信息填写页面信息。

（1）根据任务说明"已在我行开立基本存款账户：820000000008021593"，输入"账号"为"820000000008021593"，执行快查后返显"开户机构""账户名称""币种""余额""产品代码""账户类型"。

（2）根据任务说明"2017年8月21日，该公司财务人员持转账支票前来"及重要提示信息，选择"现转标志"为"2－转账"，选择"凭证种类"为"015－转账支票"，输入"凭证号码"为"3140522000454601"，输入"出票日期"为"20170821"，选择"摘要"为"21－设备款"，录入经办人信息：选择"证件类型"为"1－居民身份证"，输入"证件号码"为"120112197606117933"，输入"经办人姓名"为"赵岳"，输入"经办人联系方式"为"13720682340"。

（3）根据任务说明"将基本户中67.28万元转款至我行客户天津市云道有限公司，并要求普通到账"及重要提示信息，输入"交易金额"为"672 800.00"，并录入转入方账户信息：选择"账户类型"为"2－单位"，输入"转入账／卡号"为"820000000024031681"，执行快查后返显"序号""转入户名""币种"，选择"到账方式"为"1－普通到账"。

2. 完成信息录入后，点击"提交"按钮，页面将弹出"单位活期取款复核"页面，检查复核页面信息是否与录入页面信息一致，如果页面信息不一致，页面将提示错误。

（1）输入"账号"为"820000000008021593"，选择"现转标志"为"2－转账"，输入"凭证号码"为"3140522000454601"，输入"出票日期"为"20170821"，输入"交易金额"为"672 800.00"，具体情况如图3－39所示。

图 3-39　单位活期取款——核心业务复核

（2）输入"转入账/卡号"为"820000000024031681"。

3. 信息录入完毕后，点击"提交"按钮，页面提示"提交成功"，点击"确定"按钮，页面将弹出"集中授权申请"页面，因本任务为转账取款，收款方为单位账户，且交易金额小于 100 万，故在"集中授权申请"界面中勾选"客户头像""转账支票反面""转账支票正面（或交易凭证）及交易凭证"。如图 3-40 所示。

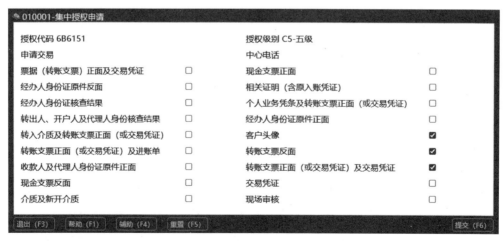

图 3-40　单位活期取款——集中授权申请

4. 点击授权页面"提交"按钮，页面提示"提交成功"，点击"确定"按钮，页面将弹出交易打印页，点击"打印"按钮打印通用凭证并交客户签名，关闭打印页面，完成"单位活期取款"业务所有操作。

四、单位定期综合业务

【实训目标】
1. 掌握单位定期综合业务操作流程和要点。
2. 能够熟练运用系统进行单位定期综合业务操作。

【基础知识】单位定期的资金管理

单位定期存款的起存金额为1万元,多存不限。单位定期存款的开户资金实际是从该单位的基本存款账户、一般存款账户和专用存款账户转出来的。同时单位定期存款不得用于结算或直接提现。

【实训任务1】单位定期开户

任务说明:

2017年3月29日,上海通海林业有限公司财务人员携带相关材料以及转账支票到银行办理单位定期存款业务,将基本户中的95.18万元转为一年期整存整取存款,并选择不转存,开立为单户定期存款账户,且通过柜面对账。

重要提示:

1. 统一信用代码:91310202466421654T。
2. 基本户账号:820000000070533155。
3. 摘要默认为日常业务。
4. 支票号码:3140522000353206。
5. 开户介质号码:0000000055660001。

【操作流程】

1. 根据任务依次说明点击"核心业务系统""单位存款""单位定期开户",进入对应业务操作页面,并依据任务说明及重要提示信息填写页面信息。

(1) 根据任务说明"开立为单户定期存款账户"及重要提示信息,选择"开户类型"为"2-单户",选择"证明文件类型"为"C-营业执照",输入"证明文件号码"为"91310202466421654T",执行快查后返显"单位名称""客户号码""币种"。

(2) 根据任务说明"将基本户中的95.18万元转为一年期整存整取存款",输入"交易金额"为"951 800.00",选择"摘要"为"1-日常业务",输入"结算账号"为"820000000070533155",执行快查后返显"户名""产品代码""币种""余额"。

(3) 根据任务说明"财务人员携带相关材料以及转账支票到银行办理单位定期存款业务"及重要提示信息,选择"转出凭证种类"为"015-转账支票",输入"转出凭证号码"为"3140522000353206",输入"出票日期"为"20170329"。

(4) 根据任务说明"将基本户中的95.18万元转为一年期整存整取存款,并选择不转存……且通过柜面对账",选择"介质种类"为"012-单位定期存款证实书",输入"介质号码"为"0000000055660001",选择"产品代码"为"51011-单位整存整取",选择"存期"为"12-12个月",选择"转存类型"为"2-不转存",选择"是否对账"为"Y-是","对账周期"默认为"m-1月",选择"对账渠道"为"CETS-柜面"。如图3-41所示。

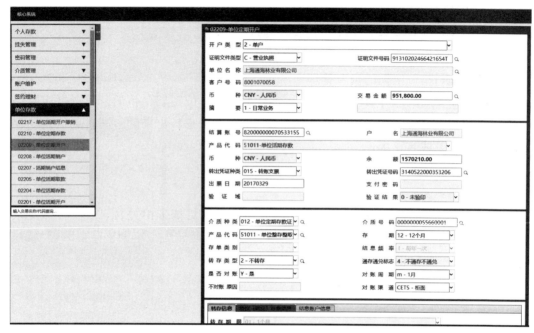

图3-41 核心业务系统——单位定期开户

> **小贴士**
>
> "产品代码"为"51021-单位存本取息"时,还需录入结息账户信息页签内容,如"结息账号""结息账户户名"等,其中"结息账号"默认为"结算账号"。
>
> "转存类型"为"1-本金转存"时,还需填写转存信息页签内容,如"利息转入账号""利息转入户名"等。

2. 完成信息录入后,点击"提交"按钮,页面将弹出"单位定期开户复核"页面,输入"结算账号"为"820000000070533155",选择"介质种类"为"012-单位定期存款证实书",输入"介质号码"为"0000000055660001",选择"存期"为"12-12个月"。

3. 信息录入完毕后,检查复核页面信息是否与录入页面信息一致,如果页面信息不一致,页面将提示错误。确认信息无误后,点击"提交"按钮,页面提示"提交成功",点击"确定"按钮,返回"单位定期开户"页面,页面提示"提交成功",点击"确定"按钮,页面弹出交易打印页,点击"打印"按钮打印相关凭证并交客户签名,关闭打印页面,完成"单位定期开户"业务所有操作。

【实训任务2】单位定期存款

任务说明:

2017年11月12日,成都市亿科商贸有限公司法人代表薛萍携带相关资料以及转账支票前来我行办理定期业务,要求在单位定期一号通账户下开立一个存期为6个月的整存整取账户,本金转存,存入1 680 000元,并选择将利息转入基本户。

重要提示:

1. 统一信用代码:91510105MA61501324。
2. 客户一号通账号:820000000005060245。
3. 客户基本户账号:820000000201013449。
4. 单位定期存款证实书号码:000000005750002。
5. 转账支票号码:3140522000511455。

【操作流程】

1. 根据任务说明依次点击"核心业务系统""单位存款""单位定期存款",进入对应业务操作页面,并依据任务说明及重要提示信息填写页面信息。

(1) 根据任务说明"要求在单位定期一号通账户下开立一个存期为6个月的整存整取账户,本金转存,存入1 680 000元"及重要提示信息,输入"单位定期账号"为"820000000005060245",执行快查后返显"账户名称""介质种类""币种",输入"介质号码"为"000000005750002",选择"产品代码"为"51011 - 单位整存整取",选择"存期"为"06 - 6个月",输入"交易金额"为"1 680 000.00",选择"转存类型"为"1 - 本金转存",选择"摘要"为"1 - 日常业务"。如图3 - 42所示。

(2) 根据任务说明"并选择将利息转入基本户"及重要提示信息,输入"利息转入账号"为"820000000201013449",执行快查后返显"转存期限""利息转入户名""利息转入币种""利息转入产品代码",输入"结算账号"为"820000000201013449",执行快查后返显"账户名称""币种""余额",选择"转出凭证种类"为"015 - 转账支票",输入"转出凭证号码"为"3140522000511455",执行快查后返显"出票日期"。

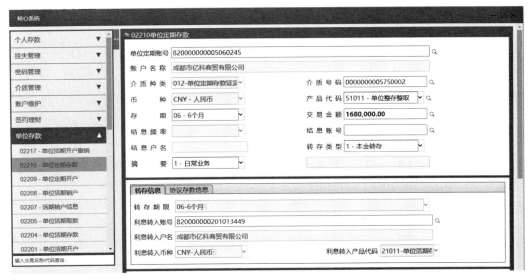

图3 - 42 核心业务系统——单位定期存款

3. 完成信息录入后,点击"提交"按钮,页面将弹出"单位定期存款复核"页面,检查复核页面信息是否与录入页面信息一致,如果页面信息不一致,页面将提示错误。输入"单位定期账号"为"820000000005060245",选择"存期"为"06-6个月",输入"交易金额"为"1 680 000.00",输入"利息转入账号"为"820000000201013449",输入"结算账号"为"820000000201013449"。

4. 信息录入完毕后,点击"提交"按钮,页面提示"提交成功",点击"确定"按钮,页面将弹出"集中授权申请"页面,因本任务为单位定期存款,且存款金额高于100万元、小于200万元,故勾选"客户头像""介质""转账支票正面(或交易凭证)""转账支票反面""现场审核"。

5. 点击授权页面"提交"按钮,页面提示"提交成功",点击"确定"按钮,页面将弹出交易打印页,点击"打印"按钮打印通用凭证并交客户签名,关闭打印页面,完成"单位定期存款"业务所有操作。

五、单位销户综合业务

【实训目标】

1. 掌握单位销户业务操作流程和要点。
2. 能够熟练运用系统进行单位销户业务操作。

【基础知识1】 单位销户的资金管理

根据《中央银行存款账户管理办法》的要求,单位账户销户时资金只能转账取款。若是非基本存款账户销户,销户账户的资金转账取款至其基本存款账户;若是基本存款账户销户,销户账户的资金转账取款至单位法人的个人账户。

【基础知识2】 重要空白凭证的注销

单位销户时,应将剩余支票和其他重要空白凭证全部交回开户银行登记注销。单位对领用的重要空白支票和其他重要空白凭证负全责,如遗失或未交,由此而产生的一切经济损失,由领用单位负责。

【实训任务】 单位销户综合业务

任务说明:

天津维宜科技有限公司财务人员持企业相关资料以及法人借记卡前来要求注销基本户,并保留一张号码最小的支票将销户金额全部转入法定代表人个人账户(有实体卡)。

重要提示:

1. 法人代表相关信息如下:

(1) 姓名:严翰巍。

(2) 身份证号码:120107198211036876。

(3) 联系方式:18034510281。

(4)账号:6217790001134046801。

2. 财务人员相关信息如下:

(1)姓名:赵岳。

(2)身份证号码:120112197606117933。

(3)联系方式:13720682340。

3. 基本户账号:820000000008021593。

4. 客户剩余转账支票如下:

起始号码:3140522000454612;终止号码:3140522000454625。

【操作流程】

(一)活期销户结清

1. 根据任务说明依次点击"核心业务系统""单位存款""活期销户结息",进入对应业务操作页面,并依据任务说明及重要提示信息填写页面信息。

根据任务说明及重要提示信息,输入"账号"为"820000000008021593",执行快查后返显"账户名称""币种""产品代码""账户类型""账户余额""利息金额""计息后金额",选择"证件类型"为"1-居民身份证",输入"证件号码"为"120112197606117933",输入"经办人姓名"为"赵岳",输入"经办人联系方式"为"13720682340"。如图3-43所示。

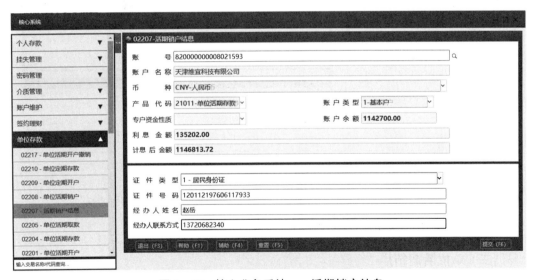

图3-43 核心业务系统——活期销户结息

2. 完成信息录入后,点击"提交"按钮,页面将弹出"活期销户结息复核"页面,检查复核页面信息是否与录入页面信息一致,如果页面信息不一致,页面将提示错误,输入"账号"为"820000000008021593"。

3. 点击复核页面"提交"按钮,页面提示"提交成功",点击"确定"按钮,页面将返回

"活期销户结息"页面,并提示"提交成功",点击"确定"按钮,页面弹出交易打印页,点击"打印"按钮打印相关凭证。

(二)客户剩余支票注销

1. 根据任务说明依次点击"核心业务系统""客户凭证管理""客户剩余支票注销",进入对应业务操作页面,并依据任务说明及重要提示信息填写页面信息。

根据任务说明"保留一张号码最小的支票"及重要提示信息,输入"账号"为"820000000008021593",执行快查后返显"账户名称",选择"注销方式"为"2-保留一张",选择"保留凭证种类"为"015-转账支票",输入"保留凭证号码"为"3140522000454612"。如图3-44所示。

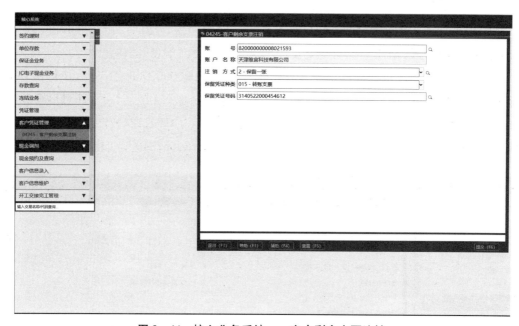

图3-44 核心业务系统——客户剩余支票注销

2. 完成信息录入后,点击"提交"按钮,页面提示"提交成功",点击"确定"按钮,页面将弹出交易打印页,点击"打印"按钮,打印相关凭证。

(三)单位活期销户

1. 根据任务说明依次点击"核心业务系统""单位存款""单位活期销户",进入对应业务操作页面,并依据任务说明及重要提示信息填写页面信息。

(1)根据任务说明及重要提示信息,输入"账号"为"820000000008021593",执行快查后返显"账户名称""币种""产品代码""账户类型""出票日期",选择"现转标志"为"2-转账",选择"凭证种类"为"015-转账支票",输入"凭证号码"为"3140522000454612",

选择"摘要"为"1-日常业务"。

（2）填写经办人信息：选择"证件类型"为"1-居民身份证"，输入"证件号码"为"120112197606117933"，输入"经办人姓名"为"赵岳"，输入"经办人联系方式"为"13720682340"。

（3）填写转入方账户信息：选择"账户类型"为"1-个人"，选择"有无卡折"为"1-有卡/有折"，输入"转入账/卡号"为"6217790001134046801"，执行快查后返显"序号""转入户名""币种""转入介质种类""转入介质号码"。如图3-45所示。

图3-45　单位活期销户——转入方账户信息

2. 完成信息录入后，点击"提交"按钮，页面将弹出"集中授权申请"页面，因本任务为公司财务人员办理基本户销户，且客户要求将账户余额转账至法人个人账户，转账金额高于100万，故勾选"客户头像""单位负责人及经办人身份证原件正面""单位负责人及经办人身份证原件反面""单位负责人及经办人身份核查结果""转账支票正面（或交易凭证）及交易凭证""转账支票反面""销户申请书""授权委托书""现场审核"。

3. 点击授权页面"提交"按钮，页面提示"提交成功"，点击"确定"按钮，页面将返回"单位活期销户"页面，并提示"提交成功"，点击"确定"按钮，页面弹出交易打印页，点击"打印"按钮打印相关凭证。

4. 将"活期销户结息""客户剩余支票注销""单位活期销户"业务打印的通用凭证交客户签名，完成"单位销户综合业务"所有操作。

六、单位活期开户撤销

【实训目标】

1. 掌握单位活期开户撤销业务操作流程和要点。

2. 能够熟练运用系统进行单位开户撤销业务操作。

【实训任务】单位活期开户撤销

任务说明：

客户长沙柏滕网络科技有限公司此前已在我行开立过活期账户，但此账户尚未发生过记账交易，现该公司财务人员前来我行进行开户撤销。

重要提示：

客户账号：820000000021009915。

【操作流程】

1. 根据任务说明依次点击"核心业务系统""单位存款""单位活期开户撤销"，进入对应业务操作页面，并依据任务说明及重要提示信息填写页面信息。

根据任务说明及重要提示信息，输入"账号"为"820000000021009915"，执行快查后返显"账户名称""币种""余额""产品代码"。如图 3-46 所示。

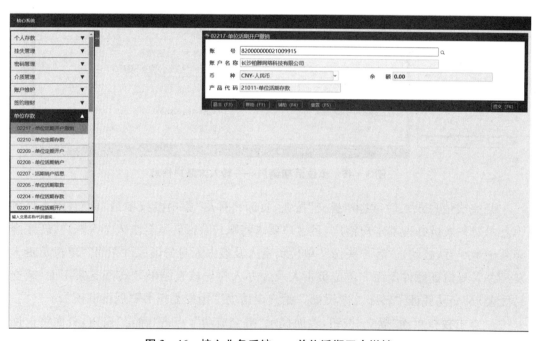

图 3-46　核心业务系统——单位活期开户撤销

2. 完成信息录入后，点击"提交"按钮，页面将弹出"集中授权申请"页面，因本任务为单位活期开户撤销业务，必须进行授权，故勾选"授权申请书""现场审核"。

3. 点击授权页面"提交"按钮，页面提示"提交成功"，点击"确定"按钮，页面将返回"单位活期开户撤销"页面，并提示"提交成功"，点击"确定"按钮，页面弹出交易打印页，点击"打印"按钮打印通用凭证并交客户签名，关闭打印页面，完成"单位活期开户撤销"业务所有操作。

第四节 二代支付平台

一、通存通兑业务

【实训目标】

1. 掌握通存通兑操作流程及要点。

2. 根据操作流程熟练地进行通存通兑业务操作。

(一) 现金存款

【实训任务】现金存款

任务说明：

客户吴沛贞携带典阅银行广西壮族自治区南宁市兴宁支行开户的存折和 7 918 元现金，前来我网点办理现金存款业务，打印凭证，我行免收手续费。

重要提示：

1. 客户提供存折信息：

(1) 账号：800100000818510577。

(2) 开户行号：402581090008。

(3) 存折号码：160980249806。

(4) 存折余额：815 405.83。

2. 我网点为典阅银行深圳市南山支行。

【操作流程】

1. 根据任务说明依次点击"二代支付平台""二代通存通兑""现金存款"，进入对应业务操作页面，并依据任务说明及重要提示信息填写页面信息。

根据任务说明及重要提示信息，填写省外账户信息：选择"账户类型"为"1-个人存折"，勾选"是否有折/卡"为"有"，输入"账/卡号"为"800100000818510577"，执行快查后返显"开户行行号""开户行名称""手续费""收取方式"，输入"账户名称"为"吴沛贞"，输入"交易金额"为"7 918.00"，金额大写返显为"柒仟玖佰壹拾捌元整"，输入"存折号码"为"160980249806"，输入"存折余额"为"815 405.83"，输入"收取比例(%)"为"0"。如图 3-47 所示。

2. 完成信息录入后，点击"提交"按钮，页面提示"请确认交易信息是否正确，不正确请按'取消'返回到录入界面进行修改"，点击"确定"按钮，页面提示"提交成功"，点击"确定"按钮，页面将弹出交易打印界面。

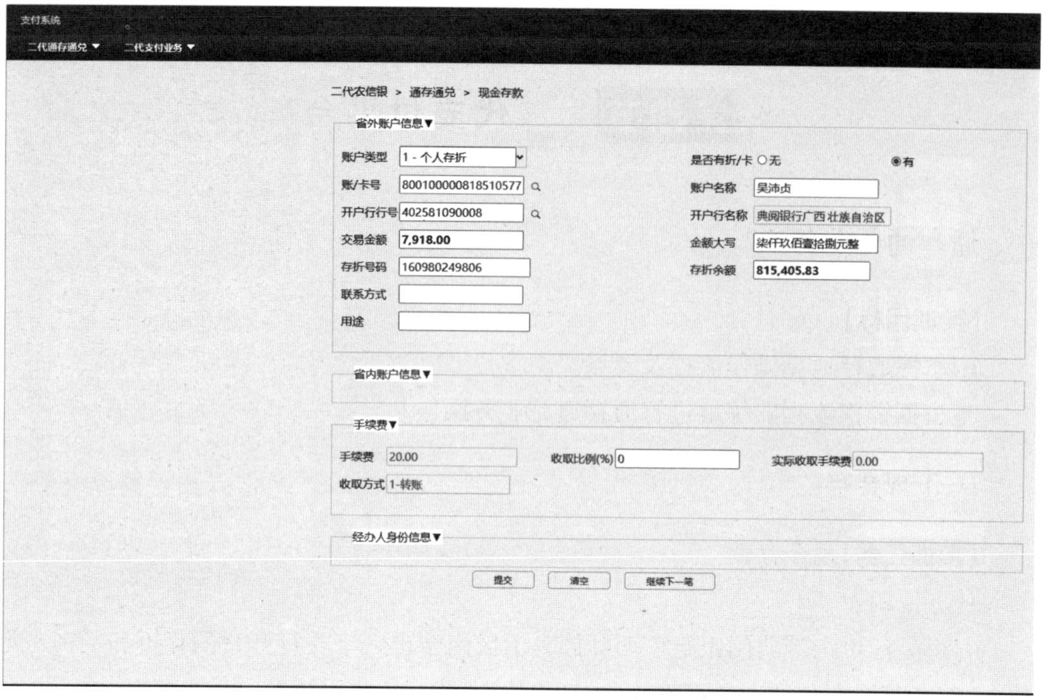

图 3-47　二代支付平台——现金存款

3. 点击"打印"按钮打印通用凭证并交客户签名,关闭打印页面,完成"现金存款"业务所有操作。

(二) 个人转账存款

【实训任务】个人转账存款

任务说明:

客户康铮携带我行本省个人存折,前来我网点办理个人转账存款业务,转账金额:551 380 元,次日转账,收款人为童深茂,账号为 623603770000246581(有实体卡),开户行名称:典阅银行福建省厦门市思明支行。我行免收手续费。

重要提示:

1. 客户康铮所携带证件及其个人资料:

(1) 二代居民身份证号码:420106199308198053。

(2) 发证机关:湖北省武汉市公安局。

2. 客户提供账户信息:

(1) 收款 IC 借记卡账户名称:童深茂。

(2) 收款 IC 借记卡卡号:623603770000246581。

(3) 收款 IC 借记卡开户行号:402221010244。

(4) 付款存折账户名称:康铮。

(5) 付款存折账号:8100000000005013210。

(6) 付款存折号码:0000000007050013。

(7) 付款存折余额:881 354.24。

3. 童深茂证件资料:

(1) 二代居民身份证号码:420116199105292755。

(2) 发证机关:湖北省武汉市公安局。

4. 我网点为典阅银行深圳市南山支行。

【操作流程】

1. 根据任务说明依次点击"二代支付平台""二代通存通兑""个人转账存款",进入对应业务操作页面,并依据任务说明填写页面信息。

(1) 根据任务说明"客户康铮携带我行本省个人存折",判断得出客户所持账户为省内账户,在"省外账户信息"页签中,根据任务说明"次日转账",选择"转账方式"为"次日",根据任务说明及重要提示,选择"账户类型"为"3 - IC借记卡","是否有折/卡"为"有",填入"账/卡号"为"6236037700000246581",输入"开户行行号"为"402221010244","交易金额"为"551 380.00"。

(2) 根据重要提示,在"省内账号信息"页签中,选择"账户类型"为"1 - 个人存折",输入"账/卡号"为"8100000000005013210","存折号码"为"0000000007050013","存折余额"为"881 354.24"。

(3) 根据任务说明"我行免收手续费",填写"手续费信息"页签"收取比例(%)"为"0"。如图3 - 48所示。

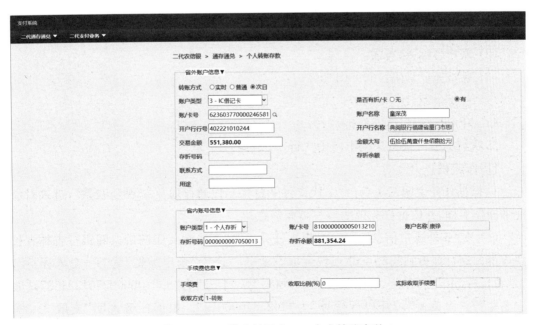

图3 - 48 二代支付平台——个人转账存款

(4) 由于交易金额超过 50 万元,需要填写付款账户持有人身份信息,选择"证件类型"为"02-第二代居民身份证",输入"证件号码"为"420106199308198053","证件姓名"为"康铮","发证机关"为"湖北省武汉市公安局"。

> **小贴士**
> 当交易金额大于50万元时,要求对付款账户持有人身份进行核查,证件类型、证件号码、证件姓名为必输;其他情况默认为收起,不强制要求身份核查。

2. 页面信息填写完毕后,点击页面下方"提交"按钮,将弹出"集中授权申请"页面,由于交易金额超过 10 万元,需勾选"客户头像""本人身份证原件正面""本人身份证原件反面""本人身份核查结果""转出介质及转入介质"五项授权要素,点击"提交",提交本业务授权内容。

3. 提交成功后,将弹出"打印"页,点击"打印"按钮打印相关业务凭证,并将通用凭证交客户签名。关闭打印页,完成"个人转账存款"业务操作。

(三) 现金取款

【实训任务】现金取款

任务说明:

客户涂英遥携带典阅银行吉林省长春市南关支行存折到我网点办理现金取款业务,支取 31 880 元。我行免收手续费。

重要提示:

1. 客户携带存折信息:

(1) 存折账号:800100000250132458。

(2) 账户名称:涂英遥。

(3) 存折凭证号码:160980110024。

(4) 存折余额:105 468.27。

(5) 开户行行号:402581090019。

2. 我行为典阅银行深圳市南山支行。

【操作流程】

1. 根据任务说明依次点击"二代支付平台""二代通存通兑""现金取款",进入对应业务操作页面,并依据任务说明填写页面信息。

(1) 在"省外账户信息"页签中,根据任务说明"客户涂英遥携带典阅银行吉林省长春市南关支行存折到我网点办理现金取款业务",选择"账户类型"为"1-个人存折","是否有折/卡"为"有"。根据重要提示,填写"账/卡号"为"800100000250132458","账户名称"为"涂英遥","开户行行号"为"402581090019"。根据任务说明"支取 31 880 元",填写"交易金额"为"31 880.00",根据重要提示,填写"存折号码"为"160980110024",

"存折余额"为"105 468.27"。

(2) 在"手续费信息"页签中,根据任务说明"我行免收手续费",填写"收取比例(%)"为"0"。如图3-49所示。

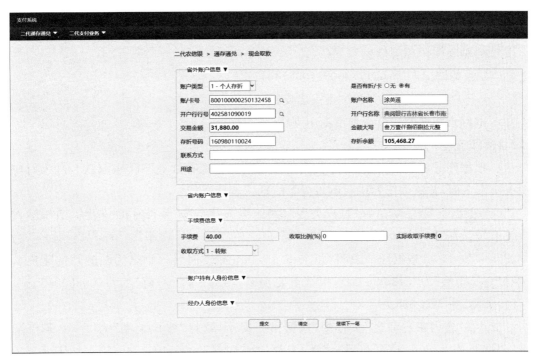

图3-49 二代支付平台——现金取款

2. 页面信息填写完毕后,点击页面下方"提交"按钮,弹出交易确认提示框,点击"确定",页面弹出凭证打印页,点击"打印"按钮打印本业务相关业务凭证,打印完成后,将通用凭证交客户签名,关闭打印页面,完成"现金取款"业务全部操作。

(四) 转账取款

【实训任务】转账取款

任务说明:

客户周湘华携带此前在典阅银行浙江省杭州市拱墅支行开立的存折,前来我网点办理转账取款业务,要求将518 056元实时转入户名为陆驰邦的账户(有实体卡)。我行免收手续费。

重要提示:

1. 客户存折信息如下:

(1) 存折账号:80010000025635017。

(2) 账户名称:周湘华。

(3) 存折号码:160980024503。

(4) 存折余额:951 606.79。

(5) 开户行行号:302581070011。

2. 客户周湘华所携带证件及其个人资料:

(1) 二代身份证号码:33010419900813511X。

(2) 发证机关:杭州市江干公安局。

3. 陆驰邦账户相关信息如下:

(1) 磁条借记卡号:6217790001109474615。

(2) 开户行为典阅银行深圳市南山支行。

4. 本网点为典阅银行深圳市南山支行。

【操作流程】

1. 根据任务说明依次点击"二代支付平台""二代通存通兑""转账取款",进入对应业务操作页面,并依据任务说明填写页面信息。

(1) 根据重要提示,选择"账户类型"为"1-个人存折","是否有折/卡"为"有",输入"账/卡号"为"80010000025635017","账户名称"为"周湘华","开户行行号"为"302581070011"。根据任务说明"要求将 518 056 元实时转入户名为陆驰邦的账户",填写"交易金额"为"518 056.00",根据重要提示,填写"存折号码"为"160980024503","存折余额"为"951 606.79"。

(2) 在"省内账户信息"页签中,根据重要提示,选择"账户类型"为"2-磁条借记卡","是否有折/卡"为"有",填写"账/卡号"为"6217790001109474615"。如图 3-50 所示。

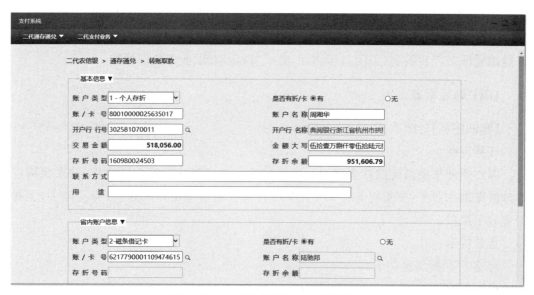

图 3-50 二代支付平台——转账取款

(3) 在"手续费信息"页签中,根据任务说明"我行免收手续费",填写"收取比例

(%)"为"0"。

(4) 由于交易金额大于50万元，须填写"账户持有人身份信息"页签内容。在"账户持有人身份信息"页签中，根据重要提示，填写付款人账户信息，选择"证件类型"为"02-第二代居民身份证"，输入"证件号码"为"33010419900813511X"，"证件姓名"为"周湘华"，"发证机关"为"杭州市江干公安局"。

2. 页面信息填写完毕后，点击页面下方"提交"按钮，弹出交易确认提示框，点击提示框"确定"按钮，进入"集中授权申请"页面，勾选"客户头像""本人身份证原件正面""本人身份证原件反面""本人身份核查结果""转出介质及转入介质"。

3. 授权成功后，进入打印操作，点击"打印"按钮，打印相关业务凭证，打印成功后，将通用凭证交客户签字，完成本任务所有操作。

二、跨行汇兑业务

【实训目标】

1. 掌握跨行汇兑系统操作流程及要点。
2. 根据操作流程熟练地进行跨行汇兑业务操作。

(一) 普通汇款

【实训任务】普通汇款

任务说明：

客户翁广涉及法律纠纷，模拟市人民法院对其账户进行扣划，扣划通知书内容如下：

模拟市人民法院
协助扣划存款通知书

(2017)黔 0245 执 855 号

典阅银行：

根据本院已经发生法律效力的(2017)黔 9 执 9 号执行裁定书，请协助执行下列事项：将被执行人翁广（身份证号码：522727197710205774）2419040001020103979865_1账号内的存款人民币 30 000.00 元，扣划至我院执行款专户。

附：(2017)黔 9 执 9 号执行裁定书

执行款专户信息：

账户名称：模拟市人民法院

开户银行：模拟银行股份有限公司深圳市支行

账号：6255101270000000137

开户行号：403703066604

2017 年 6 月 23 日模拟市人民法院（院印）

联系人:冯和

联系电话:13688796547

重要提示:

1. 我行为典阅银行深圳市南山支行。

2. 本题应先将款项扣划至"其他应付款"账户,再汇至收款人账号。

3. 扣划使用"其他凭证",凭证号码:0000000015119。

4. 其他应付款账号:220000122419999000400839。

5. 执行人一相关信息:

(1) 姓名:冯和。

(2) 工作证号码:307000。

(3) 联系方式:13688796547。

6. 执行人二相关信息:

(1) 姓名:王红。

(2) 工作证号码:3307750。

7. 授权账号:143276;授权密码:12345654。

8. 不收取手续费。

9. 转账方式与汇款级别默认为普通。

【操作流程】

1. 根据任务说明依次点击"二代支付平台""汇兑业务""客户发起的汇款业务""普通汇款",进入对应业务操作页面,并依据任务说明填写页面信息并查询。

(1) 根据重要提示,选择"转账方式"为"普通","汇款级别"为"普通",选择"汇款账户类型"为"8-内部账户",根据任务说明,输入"收款行行号"为"403703066604","汇款金额"为"30 000.00",根据重要提示输入"汇款账号/卡号"为"220000122419999000400839"。

(2) 根据任务说明,输入"收款人账号"为"6255101270000000137","收款人名称"为"模拟市人民法院",输入"收款人联系方式"为"13688796547",根据重要提示,输入"付款人账号"为"220000122419999000400839","付款人名称"为"其他应付款"。如图3-51所示。

(3) 根据重要提示"不收取手续费",输入"收取比例(%)"为"0"。

(4) 普通汇款信息输入完毕后,点击"提交",完成普通汇款录入操作。

2. 页面跳转至普通汇款复核页面,复核输入内容须与上一步录入内容一致。

3. 复核信息输入完毕后,点击"提交"按钮,弹出本地主管授权提示框,根据重要提示,输入"授权主管号"和"主管密码"。

4. 授权成功后,页面提示打印凭证,点击"打印"按钮打印相关业务凭证,打印完成,将通用凭证交客户签名,完成本任务所有操作。

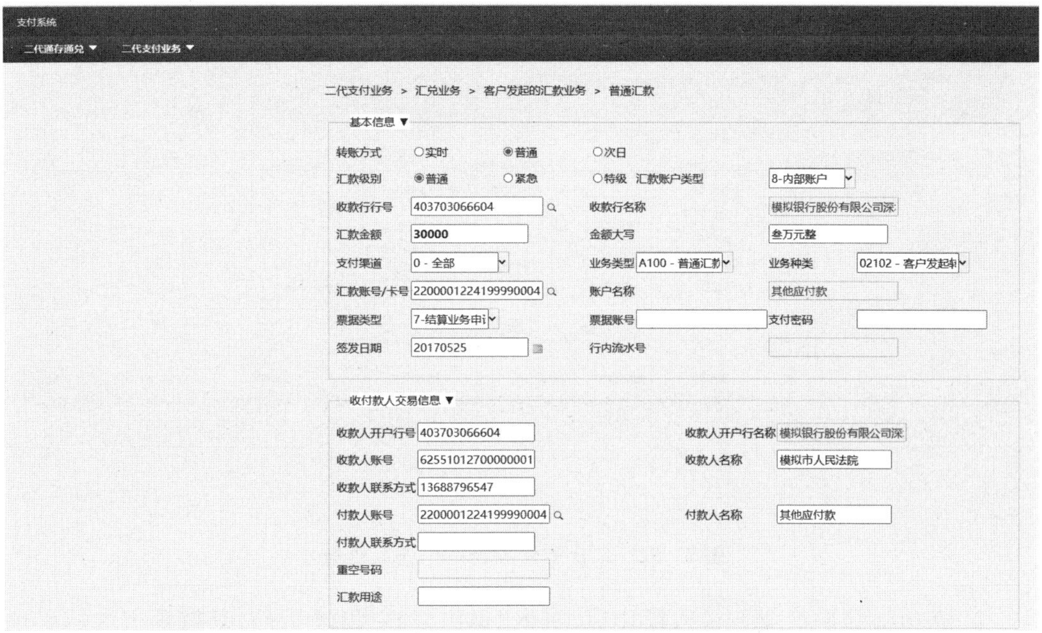

图 3-51 二代支付平台——普通汇款

(二) 退汇业务

【实训任务】退汇业务

任务说明：

我行收到一笔来自工商银行广州天河支行客户成都市甘馨蔬果有限公司的汇款，收款人为我行开户客户成都鸿誉科技有限公司，但由于收款人账号错误填写成820000000021050315，导致此笔汇款需要进行退汇操作，现我行柜员办理退汇业务。

重要提示：

1. 退汇原因：收款人不存在。

2. 请通过"付款人名称"查询退汇内容。

3. 我行为典阅银行深圳市南山支行。

4. 授权主管号：143276；主管密码：12345654。

【操作流程】

1. 根据任务说明依次点击"二代支付平台""二代支付业务""汇兑业务""退汇业务"，进入对应业务操作页面，并依据任务说明填写页面信息。

（1）根据重要提示"请通过'付款人名称'查询退汇内容"，输入"付款人名称"为"成都市甘馨蔬果有限公司"，点击"查询"后，双击选中查询结果记录。如图 3-52 所示。

（2）页面弹出本条查询结果详细信息，根据重要提示，输入"退汇原因"为"收款人不存在"，点击页面下方"提交"按钮，完成退汇录入操作。

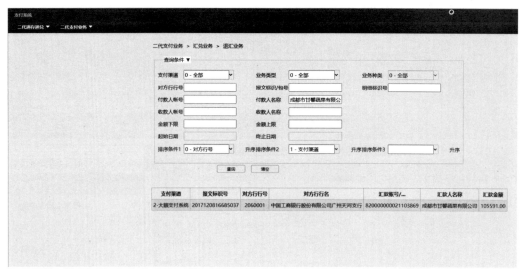

图 3-52 二代支付平台——退汇业务

2. 成功提交退汇业务录入操作后,进入"退汇复核操作"页面,复核录入内容必须与上一步填入信息一致,输入"退汇原因"为"收款人不存在"。

3. 点击"提交"完成复核录入,页面弹出"本地主管授权"提示框,根据重要提示输入"授权主管号"和"主管密码"。

4. 点击"本地主管授权"提示框中"提交"按钮,提交本地主管授权内容并完成本任务所有操作。

(三) 解付业务

【实训任务】解付业务

任务说明:

杭州凯辉批发有限公司此前通过我行将 68 514 元汇至其他银行客户杭州云莱房地产开发有限责任公司的单位结算账户,由于杭州云莱房地产开发有限责任公司收款账号有误导致该笔汇款被退汇,现将退汇款项解付入账。

重要提示:

1. 杭州云莱房地产开发有限责任公司账号:820000000021035648。

2. 杭州凯辉批发有限公司账号:820000000021069558。

3. 现金汇款退汇后解付至应解汇款账户。

4. 应解汇款账户账号:2679001001243100053184。

5. 重空号码:1000000000483491。

6. 授权主管号:143276;主管密码:12345654。

【操作流程】

1. 根据任务说明依次点击"二代支付平台""二代支付业务""汇兑业务""汇入业务

管理""审核",点击"查询"进行模糊查询,双击查询结果记录,进入本条记录详细信息页面,点击"审核",弹出确认提示框,点击"确定"完成审核操作。

2. 根据任务说明依次点击"二代支付平台""二代支付业务""汇兑业务""汇入业务管理""解付",进入对应业务操作页面,并依据任务说明填写页面信息。

(1) 点击"查询",进行解付业务模糊查询,双击选中查询结果记录,弹出本条记录详细信息页。如图3-53所示。

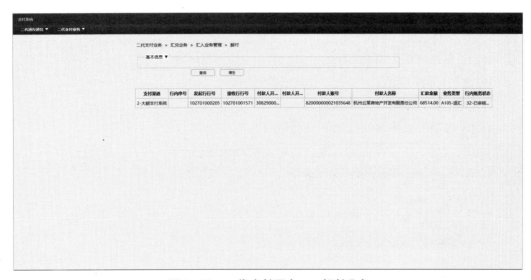

图3-53 二代支付平台——解付业务

(2) 根据重要提示,选择"解付账户类型"为"3-应解汇款账户",输入"解付账号"为"2679001001243100053184","重空号码"为"1000000000483491"。

3. 解付信息录入完毕后,点击页面下方"提交"按钮,完成解付信息录入,并进入至复核页。复核页填写内容须与录入页一致,输入解付账号"2679001001243100053184",点击"提交",完成复核操作,同时弹出本地主管授权提示,根据重要提示,输入"授权主管号"和"主管密码",点击"提交"完成本地主管授权操作。

4. 本地主管授权成功后,进入"集中授权申请"页,勾选"来账业务补充凭证",点击"提交"完成集中授权申请操作。

5. 成功提交集中授权申请后,页面弹出打印提示,点击"打印"按钮打印相关业务凭证。成功打印凭证后,将通用凭证交客户签名,完成本任务所有操作。

三、行内汇兑业务

【实训目标】

1. 掌握行内汇兑系统操作流程及要点。
2. 根据操作流程熟练地进行行内汇兑业务操作。

(一) 普通汇兑

【实训任务】普通汇兑

任务说明：

客户梁雅玮女士前来我行要求使用结算业务申请书，将10 751元人民币实时汇入我行其他网点开户客户深圳祺赋企业管理咨询有限公司的单位结算户，优先级别选择为紧急，我行免收客户手续费。

重要提示：

1. 本网点客户相关信息如下：

（1）姓名：梁雅玮。

（2）联系方式：18826770246。

（3）IC借记卡卡号：6217790001100215422。

2. 深圳祺赋企业管理咨询有限公司相关信息如下：

（1）账号：20610100012011100668055。

（2）开户行：典阅银行广州市天河分行。

（3）汇款用途：货款。

（4）联系电话：0755-83705534。

【操作流程】

1. 根据任务说明依次点击"行内汇兑系统""普通汇兑往账录入""普通汇兑录入"，进入对应业务操作页面，并依据任务说明填写页面信息。如图3-54所示。

（1）根据任务说明"优先级别选择为紧急"，选择"业务类型"为"普通汇兑"，"业务种类"为"转账汇款"，"优先级别"为"紧急"。

（2）根据任务说明判断"梁雅玮"为付款人，"深圳祺赋企业管理咨询有限公司"为收款人。

（3）根据任务说明"将10 751元人民币实时汇入我行其他网点开户客户"，选择"转账方式"为"1-实时转账"，根据重要提示，输入"收款行名称"为"典阅银行广州市天河分行"，选择"汇款账户类型"为"6-IC借记卡"，"汇款人账号"为"6217790001100215422"，"汇款金额"为"10 751.00"，根据任务说明"要求使用结算业务申请书"，选择"票据类型"为"7-结算业务申请书"。

（4）根据重要提示，输入"付款人联系方式"为"18826770246"，"收款人账号"为"20610100012011100668055"，"收款人名称"为"深圳祺赋企业管理咨询有限公司"，"收款人联系方式"为"0755-83705534"，"汇款用途"为"货款"。

（5）根据任务说明"我行免收客户手续费"，输入"收取比例（%）"为"0"。录入页面信息完成后，点击页面下方"提交"按钮，完成普通汇兑录入操作。

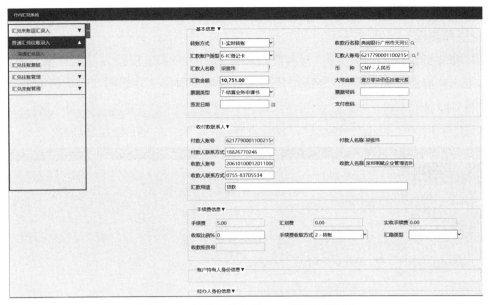

图3-54 行内汇兑系统——普通汇兑录入

2. 录入完成后,依次点击"汇兑往账复核""汇兑往账复核"进入复核操作。在"查询条件"栏中输入对应查询关键字,也可直接提交进行模糊查询(本任务不对查询条件部分进行考核,需自行输入查询要素)。选中对应的查询结果,点击"详细信息",进入复核页面。复核输入内容须与汇兑录入内容一致。

3. 复核页面信息录入完毕,点击页面下方"提交"按钮,完成复核操作。页面弹出打印提示框,点击"打印"按钮,打印相关业务凭证,凭证打印完毕后,将通用凭证交客户签名,完成本任务所有操作。

(二)汇兑来账退汇业务

【实训任务】汇兑来账退汇业务

任务说明:

我行客户武汉市华瑞科技有限公司收到一笔来自典阅银行广州市白云支行客户武汉荷和管理有限公司发出的金额为227 054的汇款,但由于金额错误,导致上述汇款需要进行退汇操作,现我行柜员对该笔已审核汇款办理汇兑来账退汇业务。

重要提示:

1. 武汉荷和管理有限公司账号:820000000021018851。

2. 武汉市华瑞科技有限公司:820000000021020683。

3. 我行为典阅银行深圳市南山支行。

4. 请通过"付款人账号""收款人账号"查询退汇内容。

5. 退汇原因为"汇款金额错误"。

6. 授权主管号:143276;主管密码:12345654。

【操作流程】

1. 根据任务说明依次点击"行内汇兑系统""汇兑来账退汇录入""汇兑来账退汇录入",进入对应业务操作页面,并依据任务说明填写页面信息。如图3-55所示。

(1) 根据重要提示"请通过'付款人账号''收款人账号'查询退汇内容",输入"付款人账号"为"820000000021018851","收款人账号"为"820000000021020683"。

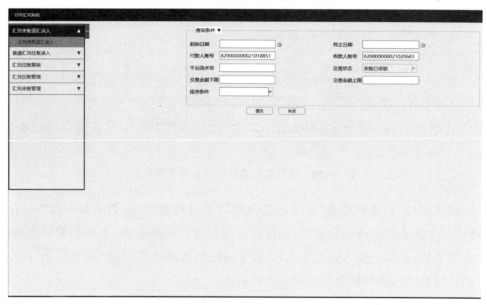

图3-55 行内汇兑系统——汇兑来账退汇录入

(2) 点击"提交",返显查询结果,选中付款人名称为"武汉荷和管理有限公司"的记录,点击"详细信息",进入本条记录详细信息页。

(3) 根据重要提示,输入"退汇原因"为"汇款金额错误"。

2. 点击"提交"按钮,完成退汇录入并进入至复核页。复核填入内容必须与上一步录入内容一致。

3. 点击复核页面下方"提交"按钮,完成退汇复核操作,页面弹出"本地主管授权"提示,根据重要提示,输入"授权主管号"为"143276","主管密码"为"12345654"。点击"提交"结束"本地主管授权"操作,并完成"汇兑来账退汇"业务所有操作。

(三) 解付业务

【实训任务】解付业务

任务说明:

我网点收到一笔汇款,原汇入账号2461010001201102465802,收款人为深圳新贺管理有限公司,汇入金额1 165元整。后收到付款行发出的查询书,查询书内容为:因我行柜员操作失误,将深圳新贺管理有限公司账号2461010001201100008723误录入为

246101000120110246 5802,金额 165.00。请入账为谢。

重要提示：

1. 深圳新贺管理有限公司正确对公账户信息：

（1）账户名称：深圳新贺管理有限公司。

（2）账号：246101000120110000 8723。

2. 实际入账账号：246101000120110000 8723。

3. 重控号码：1000000000413460。

4. 授权主管号：143276；授权密码：12345654。

【操作流程】

1. 根据任务说明依次点击"行内汇兑系统""汇兑来账管理""汇兑来账管理-审核"，进入对应业务操作页面，并依据任务说明填写页面信息。如图 3-56 所示。

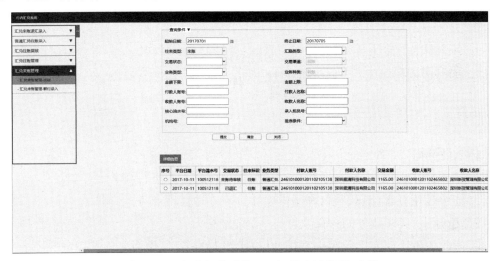

图 3-56　行内汇兑系统——汇兑来账管理-审核

（1）在"查询条件"页签中，输入任务对应查询关键字（本任务对此不作考核，需自行输入查询条件），也可直接点击"提交"，进行模糊查询。

（2）在查询结果中，选中交易状态为"来账待审核"的结果，点击"详细信息"查看本条记录详情。

（3）选择"操作类型"为"审核"，进行本条来账记录的审核，点击审核页面下方"提交"按钮，完成本记录审核要求。

2. 根据任务说明依次点击"行内汇兑系统""汇兑来账管理""汇兑来账管理-解付录入"，进入对应业务操作页面，并依据任务说明填写页面信息。

（1）在"查询条件"页签中，输入任务对应查询关键字（本任务对此不作考核，需自行输入查询条件）。

（2）在查询结果中，选中交易状态为"来账已审核"的结果，点击"详细信息"查看本条记录详情。

（3）选择"操作类型"为"解付录入"，根据重要提示，填写"实际入账账号"为"246101000120110008723"，"实际入账户名"为"深圳新贺管理有限公司"。点击页面下方"提交"按钮，完成解付录入步骤，进入至解付复核步骤。

（4）选择"操作类型"为"解付复核"，根据重要提示，输入"实际入账账号"为"246101000120110008723"，"实际入账户名"为"深圳新贺管理有限公司"，"重控号码"为"1000000000413460"。

3. 复核页面信息填写完毕后点击页面下方"提交"按钮，完成"解付复核"操作，并进入至"本地主管授权"，根据重要提示，输入"授权主管号"为"143276"，"主管密码"为"12345654"，点击"提交"，完成本地主管授权。

4. 本地主管授权成功后，页面跳转至"集中授权申请"页，勾选"来账业务补充凭证"，点击"提交"完成集中授权申请。授权成功后，页面弹出打印页，点击"打印"按钮打印相关业务凭证后，将通用凭证交客户签名，完成本任务所有操作。

第五节 代理业务

【实训目标】
1. 按照操作规范，能够在系统内对各类代理综合业务进行相关操作。
2. 能够运用办理流程、礼仪和话术引导客户办理代理业务。

【基础知识】代理业务的含义及种类

代理业务是代理人接受客户委托，以被代理人的名义，代为办理其指定的经济事务的业务。代理业务的种类十分广泛，如代理收付款项、代清理债权债务、代理资财保管、代理证券发行、代理公司组建、代理会计事务、代理保险等等。代理业务根据代理人与被代理人签订的代理合同进行，代理人在授权范围内所作的意思表示和形成的法律后果由被代理人承担责任，但超越授权的行为由代理人自己承担责任，并对由此给被代理人造成的损失负赔偿责任。

【单据填写】
客户在办理批量业务时需填写"转账支票"和"进账单"。

【实训任务】
任务说明：

2017年8月21日，天津商泰电力公司财务人员宁雪持支票，委托银行为其公司6位试用期员工批量开立工资存折，并需支付每位员工5 700元工资，签约协议规定单笔最高限额为100万元，批次最高限额为5 000万元，协议有效期两年，有效期内按年自动续约，柜员批量开户成功后为其办理批量配介质业务。由于柜员在进行批量配介质操作时被客户打断,故由另一位柜员(柜员号:160554)完成剩下的介质。几日后,该公司员工孙佳佳前来我行办理存折激活。

重要提示

1. 财务人员相关信息如下:

(1) 姓名:宁雪。

(2) 财务身份证号码:120114199108145620。

(3) 财务移动电话:18835046299。

2. 单位账号:820000000010571754。

3. 批量开户信息:

(1) 批量开户文件名称:BA20170621180178000050167。

(2) 配介质起始号码:27900010100054。

(3) 支票号码:3140522000511116。

4. 代理业务参考步骤:

首先完成客户签约,其次将文件上传,批量开户身份核查查询,数据入账后,查询处理信息、开户及代发代扣明细,再按要求完成配介质相关业务,最后进行凭证及客户回单的打印操作。

5. 孙佳佳女士相关信息如下:

(1) 证件类型:居民身份证。

(2) 证件号码:350624199004084665。

(3) 存折号码:0000000003487092。

6. 授权员号:143276;授权密码:12345654。

一、委托单位签约

【操作流程】

1. 根据任务说明依次点击"核心业务系统""代理业务管理""委托单位签约管理",进入对应业务操作页面,并依据任务说明填写页面信息(以下步骤默认为执行快查)。

(1) 根据任务说明"签约协议规定单笔最高限额为100万元,批次最高限额为5 000万元,协议有效期两年,有效期内按年自动续约"及重要提示,选择"操作类型"为"0-新增","业务类型"为"01-代发",输入"单位账号"为"820000000010571754",输入"单笔最高限额"为"1 000 000.00","批次最高限额"为"50 000 000.00",输入"协议到期日"为"20190821",选择"是否自动续约"为"Y-是",选择"续约周期"为"2-按年"。

(2) 根据重要提示,选择"经办人证件类型"为"1-居民身份证",输入"经办人证件号码"为"120114199108145620","经办人姓名"为"宁雪","经办人联系方式"为"18835046299"。

如图 3-57 所示。

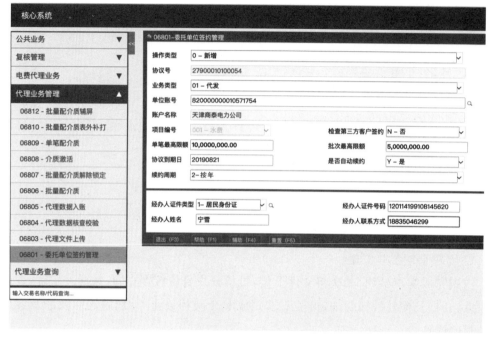

图 3-57　核心业务系统——委托单位签约管理

2. 页面信息输入完毕，点击页面下方"提交"按钮，弹出"集中授权申请"页，勾选"客户头像""经办人身份证原件正面""经办人身份证原件反面""经办人身份核查结果""授权委托书""协议"，点击"提交"按钮，完成授权申请。

3. 页面弹出交易打印页，点击"打印"按钮打印相关凭证，将通用凭证交客户签名，关闭打印页面，完成"委托单位签约管理"业务操作，系统将自动生成协议号。

二、代理文件上传

【操作流程】

1. 根据重要提示"其次将文件上传"，依次点击"核心业务系统""代理业务管理""代理文件上传"，进入对应业务操作页面，并依据任务说明填写页面信息（以下步骤默认为执行快查）。

选择"业务类型"为"03-批量开户"，在"操作日志"中查看协议号，输入"协议号"，根据重要提示，输入"文件名称"为"BA2017062118017800050167"，根据任务说明"委托银行为其公司 6 位试用期员工批量开立工资存折，并需支付每位员工 5 700 元工资"，输入"总笔数"为"6"，"总金额"为"34 200.00"。如图 3-58 所示。

2. 页面信息填写完毕后，点击"提交"按钮，弹出"授权员交易授权"页，输入"授权员号"为"143276"，输入"授权密码"为"12345654"，点击"提交"完成授权。

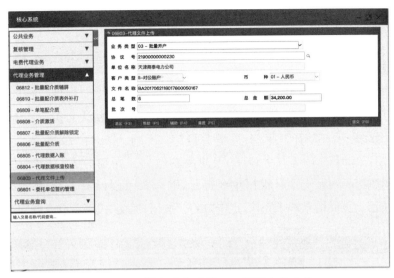

图 3‐58　核心业务系统——代理文件上传

3. 页面弹出"集中授权申请"页,勾选"单位盖章的汇总清册""现场审核",点击"提交"按钮完成授权申请,以及代理文件上传业务所有操作。

三、代理数据核查校验

【操作流程】

根据任务说明依次点击"核心业务系统""代理业务管理""代理数据核查校验",进入对应业务操作页面,并依据任务说明填写页面信息(以下步骤默认为执行快查)。

根据重要提示"代理业务参考步骤"内容"批量开户身份核查查询",选择"业务类型"为"4‐批量开户身份核查查询",点击右侧"操作日志"查看上一步生成的"批次号",输入"批次号"为"plkh201705051515013",如图 3‐59 所示。点击"提交"按钮,完成本业务操作。

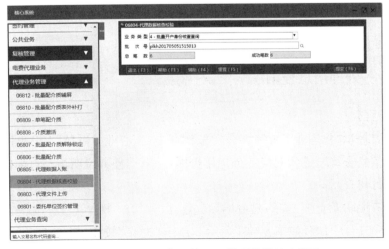

图 3‐59　核心业务系统——代理数据核查校验

四、代理数据入账

【操作流程】

根据重要提示,依次点击"核心业务系统""代理业务管理""代理数据入账",进入对应业务操作页面,并依据任务说明填写页面信息(以下步骤默认为执行快查)。

根据重要提示,选择"业务类型"为"03 - 批量开户",输入"批次号"为"plkh201705051515013",根据任务说明"天津商泰电力公司财务人员宁雪持支票",选择"凭证种类"为"015 - 转账支票",根据重要提示,输入"凭证号码"为"3140522000511116"。如图 3 - 60 所示。页面信息填入完毕,点击"提交"按钮,提交"代理数据入账"业务操作结果。

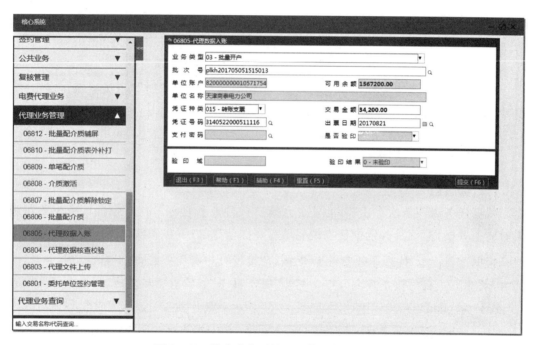

图 3 - 60 核心业务系统——代理数据入账

五、代理业务处理信息查询

【操作流程】

根据重要提示"代理业务参考步骤",依次点击"核心业务系统""代理业务查询""代理业务处理信息查询",进入对应业务操作页面,并依据任务说明填写页面信息(以下步骤默认为执行快查)。

根据任务说明及重要提示,选择"业务类型"为"03 - 批量开户",输入"批次号"为"plkh201705051515013",如图 3 - 61 所示。点击"提交"按钮,提交本页信息,完成"代理业务处理信息查询"所有操作,并查看代理业务处理详情。

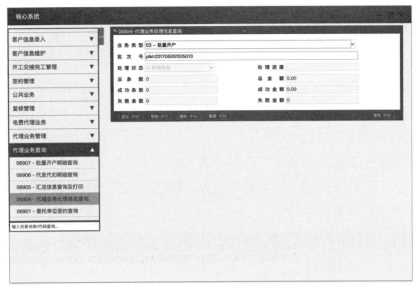

图 3-61 核心业务系统——代理业务处理信息查询

六、批量开户明细查询

【操作流程】

根据重要提示"代理业务参考步骤",依次点击"核心业务系统""代理业务查询""批量开户明细查询",进入对应业务操作页面,并依据任务说明填写页面信息(以下步骤默认为执行快查)。

输入"批次号"为"plkh201705051515013",点击页面下方"提交"按钮,完成"批量开户明细查询"所有操作,并查看批量开户明细。如图 3-62 所示。

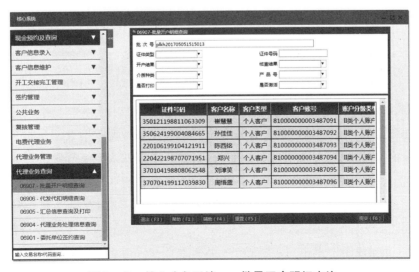

图 3-62 核心业务系统——批量开户明细查询

七、代发代扣明细查询

【操作流程】

根据重要提示"代理业务参考步骤",依次点击"核心业务系统""代理业务查询""代发代扣明细查询",进入对应业务操作页面,并依据任务说明填写页面信息(以下步骤默认为执行快查)。

根据重要提示,选择"业务类型"为"01-代发",输入"批次号"为"plkh201705051515013",点击页面下方"提交"按钮,提交本页操作内容,完成"代发代扣明细查询"业务,并查看本任务代发明细。如图 3-63 所示。

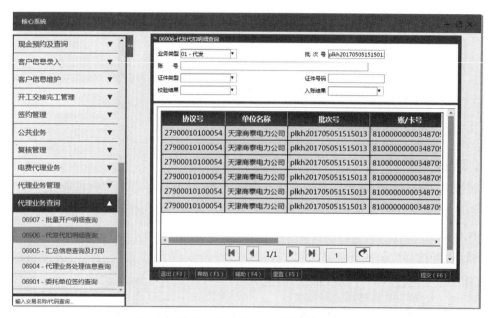

图 3-63 核心业务系统——代发代扣明细查询

八、批量配介质

【操作流程】

根据任务说明,依次点击"核心业务系统""代理业务管理""批量配介质",进入对应业务操作页面,并依据任务说明填写页面信息(以下步骤默认为执行快查)。

输入"批次号"为"plkh201705051515013",根据任务说明"委托银行为其公司 6 位试用期员工批量开立工资存折",选择"凭证种类"为"001-储蓄存折",选择"锁定标志"为"0-未锁定",根据重要提示,输入"起始号码"为"27900010100054","配介质数量"为"6"。如图 3-64 所示。点击"提交"按钮,提交本页输入内容,完成"批量配介质"业务所有操作。

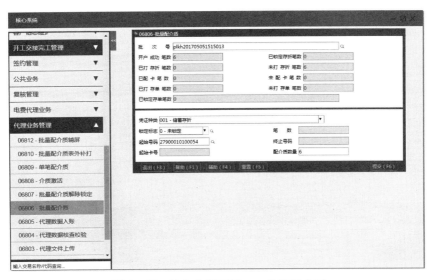

图 3-64 核心业务系统——批量配介质

九、批量配介质解除锁定

【操作流程】

根据任务说明"由于柜员在进行批量配介质操作时被客户打断,故由另一位柜员(柜员号:160554)完成剩下的介质",依次点击"核心业务系统""代理业务管理""批量配介质解除锁定",进入对应业务操作页面,并依据任务说明填写页面信息(以下步骤默认为执行快查)。

输入"批次号"为"plkh201705051515013",输入"锁定柜员"为"160554",如图 3-65 所示。点击页面下方"提交"按钮,完成"批量配介质解除锁定"所有操作。

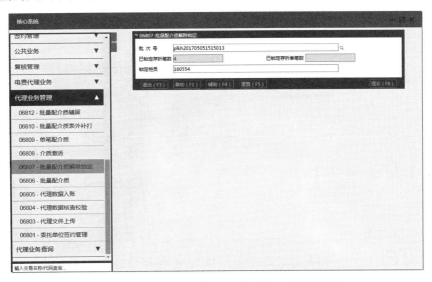

图 3-65 核心业务系统——批量配介质解除锁定

十、批量配介质表外补打

【操作流程】

1. 依次点击"核心业务系统""代理业务管理""批量配介质表外补打",进入对应业务操作页面,并依据任务说明填写页面信息(以下步骤默认为执行快查)。

输入"批次号"为"plkh201705051515013",选择"介质种类"为"001-储蓄存折",如图3-66所示,点击"提交"按钮,完成本业务信息填写。

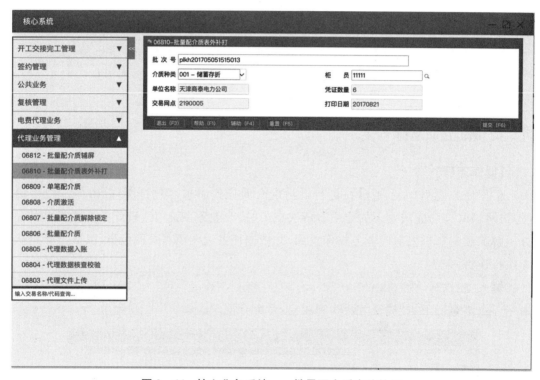

图3-66 核心业务系统——批量配介质表外补打

2. 页面弹出交易打印页,点击"打印"按钮打印相关凭证,将通用凭证交客户签名,关闭打印页面,完成"批量配介质表外补打"所有操作。

十一、汇总信息查询及打印

【操作流程】

1. 根据重要提示"代理业务参考步骤",依次点击"核心业务系统""代理业务查询""汇总信息查询及打印",进入对应业务操作页面,并依据任务说明填写页面信息(以下步骤默认为执行快查)。如图3-67所示。

图 3-67　核心业务系统——汇总信息查询及打印

根据重要提示"代理业务参考步骤"内容"最后进行凭证及客户回单的打印操作",选择"业务类型"为"03-批量开户",输入"批次号"为"plkh201705051515013",选择"打印类型"为"1-代理业务入账凭证",点击"提交"按钮。

2. 页面弹出交易打印页,点击"打印"按钮,打印代理业务入账凭证,关闭打印页面,完成代理业务入账凭证的查询及打印操作。

3. 回到"汇总信息查询及打印"页面,选择"打印类型"为"2-柜面代理业务客户回单",点击"提交"按钮。

4. 页面弹出交易打印页,点击"打印"按钮,打印客户回单,关闭打印页面,完成柜面代理业务客户回单的查询及打印操作。

十二、介质激活

【操作流程】

1. 根据任务说明"几日后,该公司员工孙佳佳前来我行办理存折激活",依次点击"核心业务系统""代理业务管理""介质激活",进入对应业务操作页面,并依据任务说明填写页面信息(以下步骤默认为执行快查)。

根据任务说明"孙佳佳前来我行办理存折激活",选择"介质种类"为"2-存折",输入"账/卡号"为批量开户明细查询操作中查询结果"810000000003487092",根据重要提示,选择"证件类型"为"1-居民身份证",输入"证件号码"为"350624199004084665",输入"凭证号码"为"0000000003487092",输入"支取密码"(本任务不作相应考核,请自行设立支取密码)。如图3-68所示。

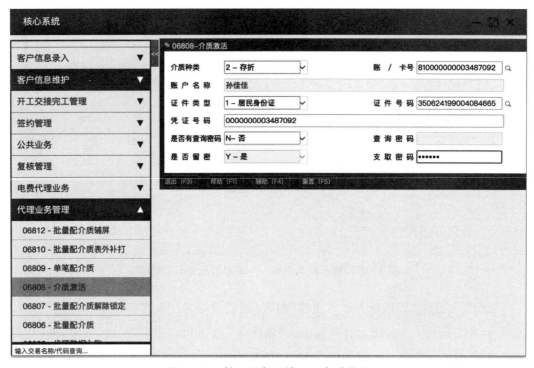

图3-68 核心业务系统——介质激活

2. 点击页面下方"提交"按钮,提交本业务操作内容,页面弹出"集中授权申请"页,勾选"客户头像""本人身份证原件正面""本人身份证原件反面""本人身份核查结果""介质",点击"提交"按钮,完成授权申请。

3. 页面弹出交易打印页,点击"打印"按钮打印相关凭证,将通用凭证交客户签名,关闭打印页面,完成"介质激活"业务所有操作。

◇ 案例分析

警惕"代客操作",保障自身权益

近期,由银行保险机构人员在消费者购买产品过程中违规"代客操作"引发的金融纠纷增多。银行保险机构人员违规在柜面、自助终端、网银、手机银行等渠道代消费者办理应由其本人办理的各类业务,如擅自替消费者签署协议文本,替消费者输入银行卡密码,通过自助服务渠道、网络渠道替消费者购买金融产品等,侵害了消费者的知情权、自主选择权、信息安全权以及财产安全权等合法权益,存在诸多风险。

一是资金受损风险。购买投资类产品时,消费者如盲目委托银行保险机构人员代为办理,当选择与其风险承受能力不相适配的产品时,可能会导致资金受损。若银行保险机构人员长期代替特定客户办理金融业务,可能会逐步掌握客户资源以及特定信息,存在资金被挪用的风险。

二是信息泄露风险。银行保险机构人员"代客操作"过程中,可能掌握消费者账户信息、财产状况等重要个人信息,如保管不善被不法人员利用,可能造成个人信息泄露或被不法分子恶意使用的风险。

针对上述风险,宁夏银保监局提醒广大消费者:认清"代客操作"的风险隐患和不良后果,增强风险防范意识,保障自身权益。

一是保护个人信息安全。学习金融法律法规,提升自身专业知识和经验,在接受银行保险机构服务过程中,明确消费者、银行保险机构的基本权利义务,注意确保本人账户安全,不将本人的账号密码、身份信息、支付工具等重要信息交付他人。

二是谨慎购买金融产品。选择正规的银行保险产品销售机构和具有专业资格的银行保险机构从业人员,谨慎分析银行保险机构从业人员关于产品的购买建议或者计划,关注相关投资风险,独立判断并审慎选择。

三是独立执行交易流程。了解掌握网上银行及手机银行的基本操作流程和方法,妥善保管账号、密码、支付工具等重要信息,警惕并拒绝银行保险机构人员提出的代为保管重要信息或操作账户等违规要求。

(来源:宁夏监管局,《警惕"代客操作",保障自身权益》。)

第六节 查冻扣业务

一、账户止付

【实训目标】

根据相关规定能熟练运用系统对需要进行账户止付的账户办理此项业务。

【基础知识】

账户止付是指银行停止该账户的使用。一般来说,账户止付是银行针对指定的账户内的全部或部分资金停止办理现金支付和资金转出的交易行为。被止付的账户不能办理任何金额的支取类交易,并且该账户在办理账户止付之后,新入账的金额也不允许用来支付。

【实训任务】

任务说明:

客户韩晨铭先生前来我行办理存款业务,我行柜员方勉在为韩先生办理业务时,由于计算错误,不慎为韩先生多存入198元,现差错柜员申请办理止付。

重要提示:

1. 客户相关信息如下:

(1) 客户姓名:韩晨铭。

(2) 证件类型:居民身份证。

(3) 证件号码:450222199310103990。

(4) 联系方式:13429615494。

2. 差错柜员相关信息:

(1) 姓名:方勉。

(2) 证件类型:居民身份证。

(3) 证件号码:450222198504212277。

(4) 联系方式:13850024568。

3. 客户账号:810000000011050576。

4. 止付通知书号:差错柜员申请止付。

5. 申请止付单位填写格式:止付申请人姓名(证件号码:＊＊＊),例如:张三(证件号码:450222196611111123)。

6. 摘要:差错柜员方勉申请止付。

【操作流程】

1. 根据任务说明依次点击"核心业务系统""冻结业务""账户止付",进入对应业务操作页面,并依据任务说明及重要提示信息填写页面信息(以下步骤默认为执行快查)。

根据任务说明"我行柜员方勉在为韩先生办理业务时,由于计算错误,不慎为韩先生多存入198元"及重要提示信息,输入"账/卡号"为"810000000011050576",执行快查后返显"序号""账户名称""币种""产品代码",选择"业务类型"为"0-内部控制",选择"止付类型"为"2-部分止付",输入"止付金额"为"198.00",输入"止付通知书号"为"差错柜员申请止付",输入"申请止付单位"为"方勉(证件号码:450222198504212277)",选择"经办人证件类型"为"1-居民身份证",输入"经办人证件号码"为"450222198504212277",输入"经办人姓名"为"方勉",输入"经办人联系方式"为"13850024568",输入"摘要"为"差错柜员方勉申请止付"。如图3-69所示。

2. 信息录入完毕后,点击"提交"按钮,页面将弹出"集中授权申请"页面,因本任务为账户止付业务,必须进行集中授权申请,故勾选"授权申请书""现场审核"。

3. 点击授权页面"提交"按钮,页面提示"提交成功",点击"确定"按钮,页面将返回"账户止付"页面,并提示"提交成功",点击"确定"按钮,页面弹出交易打印页,点击"打印"按钮,打印相关凭证,将通用凭证交客户签名,关闭打印页面,查看"账户止付"页面返显的"止付日期""止付序号""冻结序号",完成"账户止付"业务所有操作。

图 3-69 核心业务系统——账户止付

二、解除账户止付

【实训目标】

1. 熟练运用系统对已进行账户止付的账户进行解除账户止付操作。

2. 能熟练运用礼仪与沟通技巧引导客户办理此项业务。

【基础知识】

解除银行的止付状态,首先要找出银行止付的原因,然后向银行提供相关信息,办理解除止付手续。如果银行卡账户存在安全风险问题,用户只需携带身份证和银行卡到银行网点办理终止付款手续,向银行证明银行卡在自己手中,必要时用户可以更改银行卡取款密码终止银行卡。如果银行卡因非法操作而停止支付,用户需要等待银行自动终止支付。如因逾期还款导致银行卡停止付款,用户需要在还清欠款后到银行网点办理终止付款手续。

任务说明:

由于我行柜员在为客户韩晨铭先生办理存款业务时出了差错,在已申请账户止付的情况下,差错柜员联系到客户,客户携带198元前来归还差错资金,现差错柜员申请解除客户账户止付。

重要提示:

1. 客户相关信息如下:

(1) 姓名:韩晨铭。

(2) 证件类型:居民身份证。

(3)证件号码:450222199310103990。

(4)联系方式:13429615494。

2.差错柜员相关信息:

(1)姓名:方勉。

(2)证件类型:居民身份证。

(3)证件号码:450222198504212277。

(4)联系方式:13850024568。

3.客户账号:810000000011050576。

4.解除止付通知书号:差错柜员申请解除止付。

5.解除止付单位格式:姓名(证件号码:＊＊＊),例如:张三(证件号码:450222196611111123)。

6.摘要:差错柜员方勉申请解除止付。

【操作流程】

1.根据任务说明依次点击"核心业务系统""冻结业务""解除账户止付",进入对应业务操作页面,并依据任务说明填写页面信息(以下步骤默认为执行快查)。

根据重要提示,输入"账/卡号"为"810000000011050576",选择"止付序号"为"1-内部控制",输入"解除止付通知书号"为"差错柜员申请解除止付",根据重要提示格式,输入"解除止付单位"为"方勉(证件号码:450222198504212277)",选择"经办人证件类型"为"1-居民身份证",输入"经办人证件号码"为"450222198504212277",输入"经办人姓名"为"方勉","经办人联系方式"为"13850024568","摘要"为"差错柜员方勉申请解除止付"。如图3-70所示。

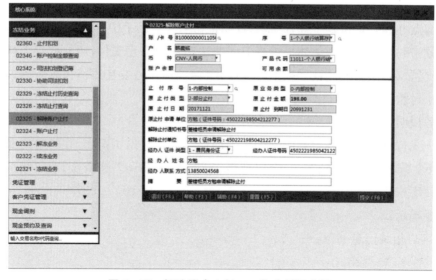

图3-70 解除账户止付——集中授权申请

2. 页面信息输入完毕后,点击页面下方"提交"按钮,完成解除账户止付录入操作,并进入"集中授权申请"页面,勾选"授权申请书""现场审核",点击"提交"按钮完成授权申请。

3. 授权成功后,页面弹出交易打印提示,点击"打印"打印相关业务凭证,打印完毕后,将通用凭证交客户签名,完成本任务所有操作。

三、止付扣划

【实训目标】

根据操作流程与规范,能够熟练地对止付账户进行扣划。

【基础知识】

贷款发生不良后,客户经理首先会对借款人、保证人的存款账户进行查询,一旦发现当事人账户有存款,就会根据合同约定进行扣划,如没有存款也会对账户进行止付。

任务说明:

根据扣划通知书(2017)粤 226 执 38 号,营业部现对客户施博康先生名下已被止付,序号为 1 的账户进行业务扣划(本金扣划业务),将该账户下的错账 37 500 元扣划至其他应付款账户,并选择不解除,摘要为"施博康错账扣划"。

重要提示:

1. 客户银行卡号:6217790001000008024。

2. 其他应付款账号:22000012241999900401137。

3. 扣划凭证为内部凭证。

4. 内部凭证号码:0000315546810。

5. 转入账户凭证为其他凭证。

6. 其他凭证号码:0000000015056。

7. 经办柜员信息如下:

(1)姓名:伍昌晖。

(2)身份证号码:320105198707052057。

(3)手机号码:13865022457。

【操作流程】

1. 根据任务说明依次点击"核心业务系统""冻结业务""止付扣划",进入对应业务操作页面,并依据任务说明填写页面信息(以下步骤默认为执行快查)。

(1)根据重要提示,输入"账/卡号"为"6217790001000008024",选择"序号"为"1-个人银行结算存款"。

(2)在"扣划信息"页签中,根据任务说明"进行业务扣划(本金扣划业务)",选择"扣划类型"为"0-业务扣划","扣划方式"为"1-本机扣划",选择"止付序号"为"1-内部控制"。根据任务说明"将该账户下的错账 37 500 元扣划至其他应付款账户,并选择不解除,摘要为'施博康错账扣划'",输入"扣划金额"为"37 500.00",根据重要提示,选择"凭证种类"为"299 - 内部凭证",输入"凭证号码"为"0000315546810",选择"是否解除"为"N - 否",输入"扣划单位名称"为"营业部","扣划通知书号"为"(2017)粤 226 执 38 号"。根据重要提示,选择"经办人证件类型"为"1 - 居民身份证",输入"经办人证件号码"为"320105198707052057","经办人姓名"为"伍昌晖",输入"经办人联系方式"为"13865022457",根据任务说明,输入"摘要"为"施博康错账扣划"。如图 3 - 71 所示。

(3)扣划信息输入完毕后,点击"转入账户信息"页签,输入"转入账号"为"22000012241999900401137",选择"凭证种类"为"299 - 其他凭证",输入"凭证号码"为"0000000015056"。

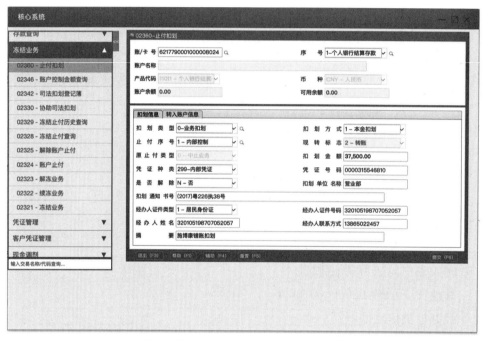

图 3 - 71 核心业务系统——止付扣划

2. 页面信息填写完毕后,点击页面下方"提交"按钮,完成止付扣划所有录入项。

3. 成功提交录入信息后,进入"集中授权申请"页,勾选"扣划申请书""现场审核",点击"提交"完成授权申请。

4. 打印相关业务凭证,凭证打印完成后,将通用凭证交客户签名,完成本任务所有操作。

四、冻结综合业务

【实训目标】

根据相关资料与要求,能够熟练地在系统内进行账户查询、冻结、续冻、解冻等相关业务操作。

【基础知识】查冻扣业务的含义

查询是指有权机关依照有关法律或行政法规的规定，要求银行告知被查询对象存款的金额、币种以及其他存款信息告知有权机关的行为。冻结是指有权机关依法要求银行在一定时期内禁止储户提取其存款账户内的全部或部分存款的行为。冻结是一种临时性的执行措施，司法冻结的期限一般为6个月，期满后，执行机关如不办理续冻手续，原冻结的被执行人的账户自然解冻。划拨，也称为扣划，是指有权机关要求银行将单位或个人存款账户内的全部或部分存款资金划拨到指定账户上的行为，学理上叫做"处分性执行措施"。

【实训任务】

任务说明：

1. 梁先生经营外贸生意，涉嫌违法犯罪。公安机关于2017年8月31日对其账户进行冻结，以下为模拟市公安局出具的冻结通知书：

模拟市公安局
协助冻结存款通知书

（黔）公冻字111号

典阅银行：

根据《中华人民共和国刑事诉讼法》第142条之规定，请予冻结犯罪嫌疑人梁润亨，性别男，身份证号码310113199310046639的下列存款：

账号：6217790001100500516

冻结金额：100 000.00

冻结期限：6个月

2017年08月31日模拟市公安局（印）

附：模拟市公安局冻结决定书

2. 公安局由于侦查案件需要，对冻结进行续冻。以下是模拟市公安局提供的续冻通知书：

模拟市公安局
协助续冻存款通知书

（黔）公续冻字112号

典阅银行：

请予继续冻结犯罪嫌疑人梁润亨，性别男，身份证号码310113199310046639的下列存款：

账号：6217790001100500516

冻结金额：100 000.00

冻结期限6个月，冻结今日生效。

2017年12月31日模拟市公安局（印）

附:模拟市公安局继续冻结决定书

3. 模拟市公安局解除对梁先生的账户冻结,解冻通知书如下:

模拟市公安局
协助解除冻结存款通知书

(2018)01 执 154 号

典阅银行:

根据本院已经发生法律效力的(2018)01 执 61 号执行裁定书,请协助执行下列事项:

解除对被执行人梁润亨(身份证号码:310113199310046639)6217790001100500516 账户内的存款人民币 100 000.00 元的冻结。

2018 年 1 月 31 日模拟市公安局(印)

附:本院(2018)01 执 61 号执行裁定书

联系人:王奕昌

联系电话:13680246598

重要提示:

1. 冻结信息查询请使用 02329 交易。

2. 公安机关冻结、续冻、解冻人员证件信息:

(1) 执行人一:

姓名:王奕昌。

工作证号码:911054。

联系电话:13680246598。

(2) 执行人二:

姓名:柳康。

工作证号码:911038。

联系电话:15768163457。

3. 授权主管号:143276;授权密码:12345654。

【操作步骤】

由于冻结业务需判断"冻结方式",故先进行"个人账户分账户查询"操作,再根据需求进一步操作"冻结止付历史查询"业务,最后进行"冻结业务"操作。

(一) 个人账户分户账查询

【操作流程】

1. 依次点击"核心业务系统""存款查询""个人账户分户账查询",进入对应业务操作页面,并依据任务说明填写页面信息并查询(以下步骤默认为执行快查)。

2. 根据任务说明,选择"业务类型"为"1-客户查询",输入"账/卡号"为

"6217790001100500516",选择"序号"为"1-个人银行结算存款",将光标放置于"序号"下拉栏中,并敲击"回车键",选择"证件类型"为"1-居民身份证",输入"证件号码"为"310113199310046639",查看该子账户相关信息,可得知该子账户"余额""可用余额""已控制金额"。如图3-72所示。

3. 点击页面下方"提交"按钮,弹出"授权员交易授权"页面,输入"143276"敲击"回车键",输入密码"12345654",点击授权页下方"提交"按钮,完成本业务操作。

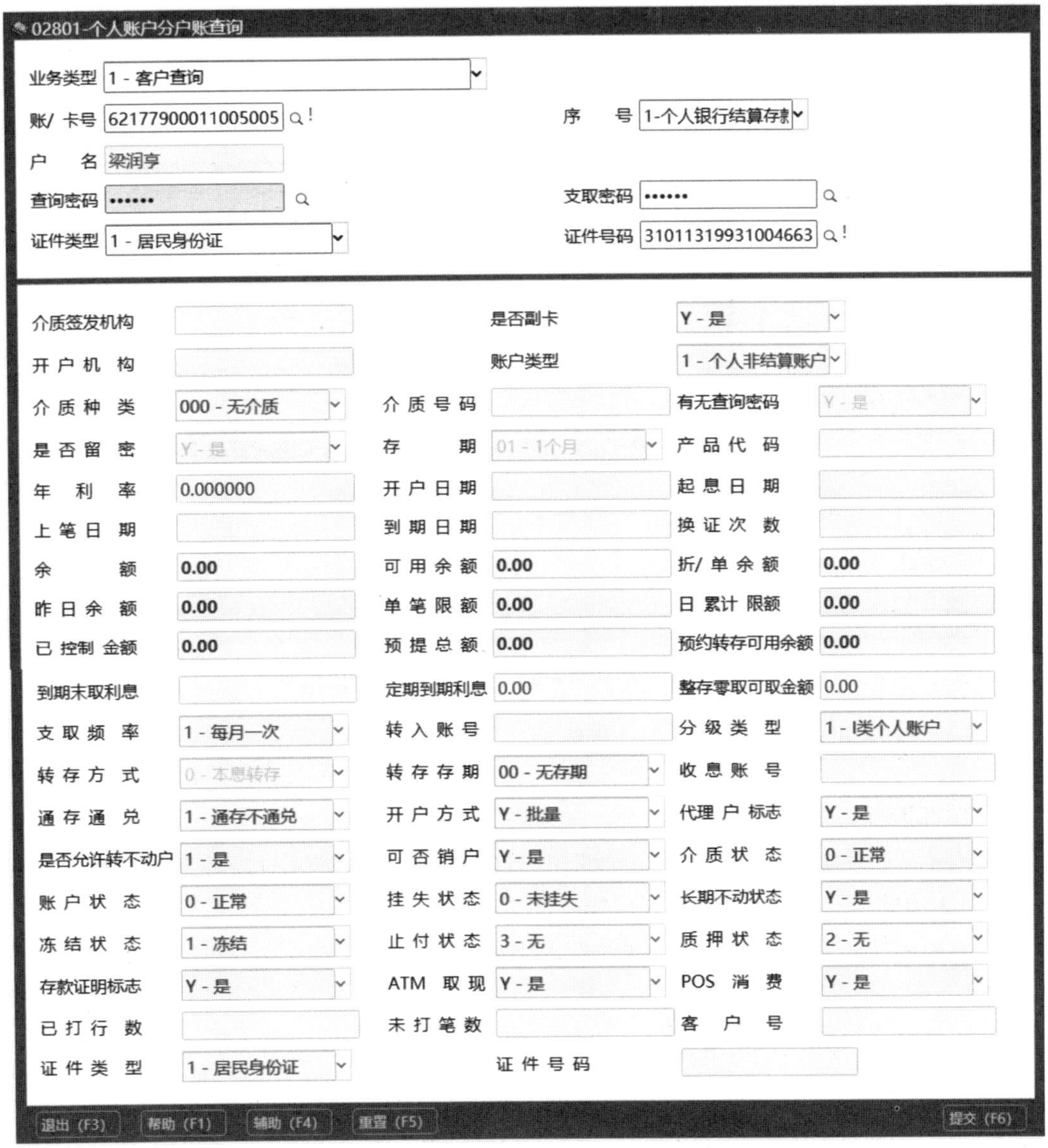

图3-72 核心业务系统——个人账户分户账查询

(二)冻结止付历史查询

【操作流程】

1. 依次点击"核心业务系统""冻结业务""冻结止付历史查询",进入对应业务操作页面,并依据任务说明填写页面信息(以下步骤默认为执行快查)。

2. 根据任务说明,输入"账/卡号"为"6217790001100500516",选择"序号"为"1-个人银行结算存款",如图 3-73 所示。点击页面下方"提交"按钮,查看该子账户冻结止付历史。

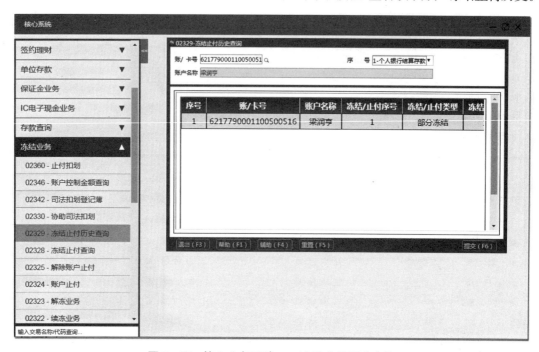

图 3-73 核心业务系统——冻结止付历史查询

(三)冻结业务

【操作流程】

1. 依次点击"核心业务系统""冻结业务""冻结业务",进入对应业务操作页面,并依据任务说明填写页面信息(以下步骤默认为执行快查)。

(1)根据任务说明,输入"账/卡号"为"6217790001100500516",选择"序号"为"1-个人银行结算存款"。

(2)根据任务说明"冻结金额:100 000.00",结合"个人账户分账户查询"查询结果"余额:110 000.00",可得出"冻结方式"为"2-部分冻结",输入"冻结金额"为"100 000.00",输入"冻结到期日期"为"20180228",选择"权力机关类型"为"4-公安机关",输入"冻结通知书号"为"(黔)公冻字 111 号","申请冻结单位"为"模拟市公安局",输入"摘要"(本任务不作相关考核,需自行输入摘要信息)。如图 3-74 所示。

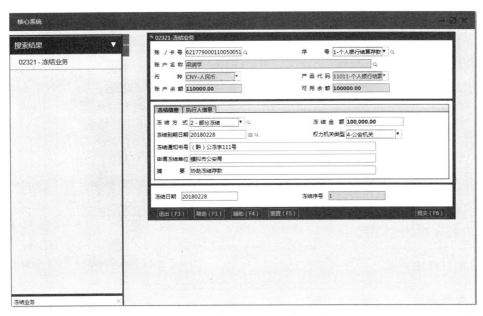

图 3-74 冻结业务——冻结信息

（3）点击"执行人信息"页签，填写执行人相关信息。根据重要提示，选择"执行人一证件类型"为"1-工作证"，输入"执行人一证件号码"为"911054"，"执行人一姓名"为"王奕昌"，"执行人一联系方式"为"13680246598"。选择"执行人二证件类型"为"1-工作证"，输入"执行人二证件号码"为"911038"，"执行人二姓名"为"柳康"，"执行人二联系方式"为"15768163457"。如图 3-75 所示。

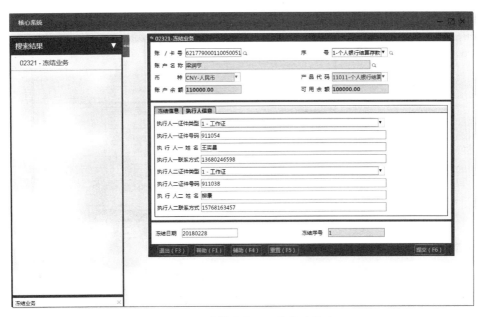

图 3-75 冻结业务——执行人信息

2.点击冻结业务下方"提交"按钮,弹出"集中授权申请"页,因"冻结申请单位"为人民法院以外的权力机关,故勾选"客户头像""执行人两人(含)以上工作证""决定书""通知书"。点击"提交"按钮,完成授权申请操作。

> **小贴士**
>
> 冻结、续冻、解冻业务的集中授权申请根据有权机关的不同可分为两种,当有权机关为人民法院时,集中授权内容选择为:客户头像、执行人两人(含)以上执行公务证(视题目而定)、执行人两人(含)以上工作证(视题目而定)、裁定书、通知书。
> 当有权机关为其他有权机关时,集中授权内容选择为:客户头像、执行人两人(含)以上工作证、决定书、通知书。

3.打印相关凭证。

(四)续冻业务

【操作流程】

1.依次点击"核心业务系统""冻结业务""续冻业务",进入对应业务操作页面,并依据任务说明填写页面信息(以下步骤默认为执行快查)。

(1)根据任务说明,输入"账/卡号"为"6217790001100500516",选择"序号"为"1-个人银行结算存款"。

(2)在"冻结续冻信息"页签,选择"原续冻序号"为"2-部分冻结",输入"冻结通知书号"为"(黔)公续冻字112号",选择"生效日类型"为"0-今日生效",输入"续冻到期日"为"20180630",输入"摘要"(本任务不作相关考核,需自行输入摘要信息)。如图3-76所示。

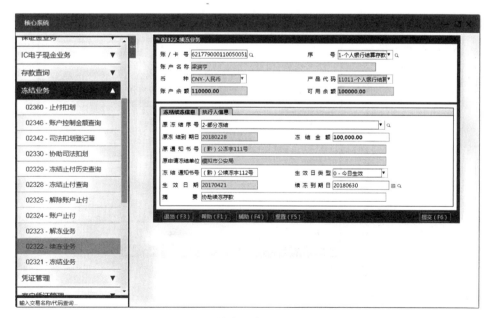

图3-76 续冻业务——续冻信息

(3) 在"执行人信息"页签,选择"执行人一证件类型"为"1-工作证",输入"执行人一证件号码"为"911054","执行人一姓名"为"王奕昌","执行人一联系方式"为"13680246598"。选择"执行人二证件类型"为"1-工作证",输入"执行人二证件号码"为"911038","执行人二姓名"为"柳康","执行人二联系方式"为"15768163457"。如图3-77所示。

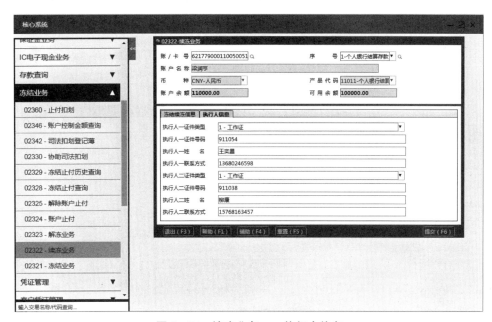

图3-77 续冻业务——执行人信息

2. 点击续冻业务页面下方"提交"按钮,弹出"授权员交易授权"页面,输入"143276",敲击"回车键",输入密码"12345654",点击授权申请页"提交"按钮,完成授权。

3. 授权完毕弹出"集中授权申请"页面,勾选"客户头像""执行人两人(含)以上工作证""决定书""通知书"。点击集中授权页"提交"按键,完成集中授权操作。

4. 打印相关凭证。

(五) 解冻业务

【操作流程】

1. 依次点击"核心业务系统""冻结业务""解冻业务",进入对应业务操作页面,并依据任务说明填写页面信息(以下步骤默认为执行快查)。

(1) 根据任务说明,输入"账/卡号"为"6217790001100500516",选择"序号"为"1-银行结算存款"。

(2) 在"解冻信息"页签,选择"原冻结序号"为"2-部分冻结",输入"解冻通知书号"为"(2018)01执154号",输入"摘要"(本任务不作相关考核,需自行输入摘要信息)。如图3-78所示。

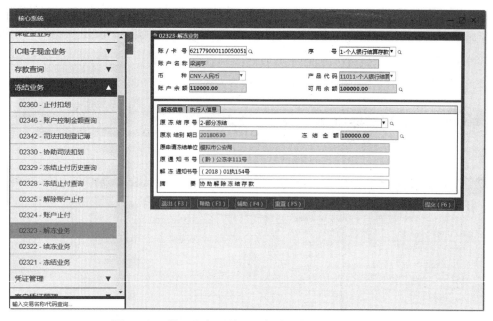

图 3-78 核心业务系统——解冻业务——解冻信息

(3) 在"执行人信息"页签,选择"执行人一证件类型"为"1-工作证",输入"执行人一证件号码"为"911054","执行人一姓名"为"王奕昌","执行人一联系方式"为"13680246598"。选择"执行人二证件类型"为"1-工作证",输入"执行人二证件号码"为"911038","执行人二姓名"为"柳康","执行人二联系方式"为"15768163457"。如图3-79 所示。

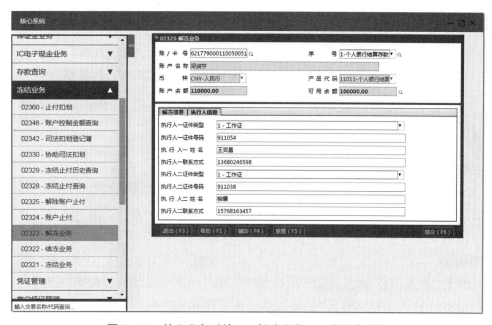

图 3-79 核心业务系统——解冻业务——执行人信息

2. 点击解冻业务页面下方"提交"按钮,弹出"集中授权申请"页,勾选"客户头像""执行人两人(含)以上工作证""决定书""通知书"。点击集中授权页"提交"按钮,完成集中授权操作。

3. 打印相关凭证。

五、协助司法扣划

【实训目标】

1. 根据相关规定,能够熟练运用系统进行协助司法扣划业务操作。
2. 能熟练运用服务礼仪规范接待客户并为客户办理业务。

【基础知识】

协助执行工作是指依照法律、法规或行政规章的明确规定,银行协助有权机关执行查询、冻结、扣划单位或个人在本行金融资产的工作。

《协助执行管理规定》中明确金融资产包括:库存现金、应收账款、应收票据、应收利息、应收股利、其他应收款、贷款、垫款、债权投资、股权投资、基金投资及衍生金融资产等。

【单据填写】

客户在办理普通汇款业务时需填写"个人同城转账/异地汇款凭证"和"进账单"。

【实训任务】

任务说明:

客户翁广涉及法律纠纷,模拟市人民法院对其账户进行扣划,扣划通知书内容如下:

模拟市人民法院
协助扣划存款通知书

(2017)黔 0245 执 855 号

典阅银行:

根据本院已经发生法律效力的(2017)黔 9 执 9 号执行裁定书,请协助执行下列事项:

将被执行人翁广(身份证号码:522727197710205774)2419040001020103979865 账号内的存款人民币 30 000.00 元,扣划至我院执行款专户。

附:(2017)黔 9 执 9 号执行裁定书

执行款专户信息:

账户名称:模拟市人民法院

开户银行:模拟银行股份有限公司深圳市支行

账号:6255101270000000137

开户行号:403703066604

2017 年 6 月 23 日模拟市人民法院(院印)

联系人：冯和

联系电话：13688796547

重要提示：

1. 我行为典阅银行深圳市南山支行。

2. 本题应先将款项扣划至"其他应付款"账户，再汇至收款人账号。

3. 扣划使用"其他凭证"，凭证号码：0000000015119。

4. 其他应付款账号：22000012241999900400839。

5. 执行人一相关信息：

(1) 姓名：冯和。

(2) 工作证号码：3070001。

(3) 联系方式：13688796547。

6. 执行人二相关信息：

(1) 姓名：王红。

(2) 工作证号码：3307750。

7. 授权账号：143276；授权密码：12345654。

8. 不收取手续费。

9. 转账方式与汇款级别默认为普通。

【操作流程】

1. 由于协助司法扣划业务需判断"扣划类型"，故首先进行"个人账户分账户查询"操作。依次点击"核心业务系统""存款查询""个人账户分户账查询"，进入对应业务操作页面，并依据任务说明填写页面信息并查询（详细参考步骤请参考"冻结综合业务"）。

2. 在"核心业务系统"内依次点击"冻结业务""冻结止付历史查询"，进入对应业务操作页面，并依据任务说明填写页面信息（详细参考步骤请参考"冻结综合业务"）。

3. 依次点击"核心业务系统""冻结业务""协助司法扣划"，进入对应业务操作页面，并依据任务说明填写页面信息（以下步骤默认为执行快查）。

(1) 根据任务说明，填写"账/卡号"为"2419040001020103979865"，选择"序号"为"1-个人银行结算存款"。

> **小贴士**
>
> 如何判断扣划类型：
>
> 强制扣划：扣划账户可用余额。有权机关扣划个人未被冻结的存款（强制扣划），系统支持在任意营业网点办理。
>
> 冻结扣划：扣划个人已被冻结的存款（冻结扣划），只能在原冻结网点办理；扣划单位存款只能在开户网点办理。冻结扣划要输入对应的冻结序号，对对应的冻结存款进行扣划。

(2) 在"扣划信息"页签,因该子账户可用余额为 30 000.00,故选择"扣划类型"为"1-强制扣划",因该子账户为活期账户,故选择"扣划方式"为"1-本金扣划",选择"权力机构类型"为"10-人民法院",输入"申请扣划单位"为"模拟市人民法院","扣划通知书号"为"(2017)黔 0245 执 855 号",输入"备注"(本任务不作相关考核,需自行输入备注信息)。如图 3-80 所示。

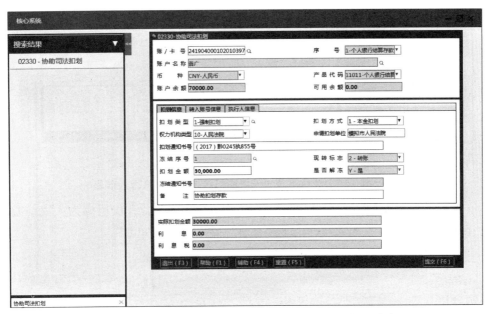

图 3-80 核心业务系统——协助司法扣划——扣划信息

> **小贴士**
>
> 选择本息扣划时,根据存款产品计息规则计算利息,将本金与利息一同扣划至指定账户。本息扣划仅支持定期存款账户。个人通知存款、整存零取、存本取息、定活两便、单位协议、单位存本取息、单位通知存款仅支持本息扣划,可进行全部或部分扣划。
> 选择本金扣划时,只扣划本金不扣利息。个人活期存款、单位活期存款、定活通、教育储蓄和零存整取仅支持本金扣划,可进行全部或部分扣划。

(3) 根据重要提示,在"转入账号信息"页签,填入"转入账号"为"22000012241999900400839",选择"凭证种类"为"299-其他凭证",输入"凭证号码"为"0000000015119"。

(4) 根据重要提示,在"执行人信息"页签中,填写执行人相关信息。选择"执行人一证件类型"为"1-工作证",输入"执行人一证件号码"为"3070001","执行人一姓名"为"冯和","执行人一联系方式"为"13688796547"。选择"执行人二证件类型"为"1-工作证",输入"执行人二证件号码"为"3307750","执行人二姓名"为"王红"。如图 3-81 所示。

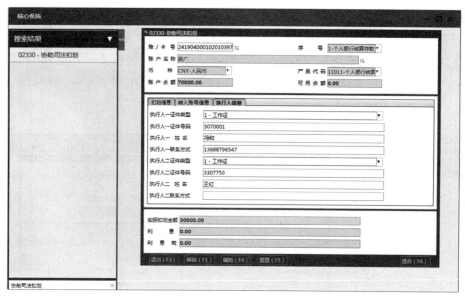

图 3-81　核心业务系统——协助司法扣划——执行人信息

4. 点击页面下方"提交"按钮,弹出"集中授权申请"页,因有权机构为人民法院,故勾选"客户头像""执行人两人(含)以上工作证""裁定书""通知书"。

5. 打印相关凭证。

◇ 案例分析

柜台查扣要谨慎　合规操作莫大意

20××年6月19日,××银行收到某中级人民法院请求协助冻结存款通知书,需冻结某公司账号金额6 351 574.00元,冻结期限为20××年6月19日至次年6月18日。柜员对相关证件及法律文书进行了认真审查,确认无误后查询该账户余额为324 999.61元并进行了记录。随后为法院执行人员办理冻结手续,总共用时约10分钟,最后将先前查询金额324 999.61元填写在协助冻结存款通知书(回执)的已冻结栏处。

一年后,该法院对该公司进行续冻时,该行发现当初实际冻结金额仅为124 999.61元,与当初回执上填写的冻结金额不符,差额200 000元。经调查了解,20××年6月19日该公司在××银行办理完冻结手续的前一分钟通过网银从账户内转出资金200 000元。法院认为该行有给企业通风报信的嫌疑,要求该行追回转走的资金,此案给银行工作带来诸多后续追索工作,并对银行造成不良影响。

分析:

(1)柜员业务不熟练。柜员对于查冻扣高风险业务操作不熟练,处理业务的时间过长,未在第一时间及时冻结,出现资金被企业转走的漏洞,一旦资金被转移,银行一般会被司法机关认定为内外勾结、通风报信,存在被追责的风险。

(2)柜员风险意识不强。柜员在填写回执告知司法机关实际冻结金额时,未再次查询实际被冻结的金额,按照惯性思维以原来记录的查询金额填写了回执,导致实际冻结金额与回执填写金额不一致,极易引发银行与司法机关的纠纷。

(3)柜员操作不合规。柜员操作时存在暇疵,司法冻结交易无问题,但是填写回执时未再次核对系统中数据。

(4)复核人员履职不到位。司法查冻扣业务需要换人复核,此案中复核人员未严格审核冻结手续的合法性、交易使用及回复内容的准确性。

启示：

随着国家法治建设的日益加强,司法机关通过银行协助执行生效的判决、裁定、调解的法律事务增多,依法协助司法查询、冻结、扣划客户存款已成为银行的一项常规业务工作。对于柜面办理此类高风险业务,一定要谨慎操作,积极依法配合司法机构做好"查、冻、扣"工作。

(1)提高员工风险防范意识。加强员工的风险防范意识教育,谨慎处理经手的每一笔业务,杜绝随意性操作,不熟悉的业务及时请示上级业务主管部门,从源头上控制风险事件的发生。

(2)加强高风险业务的相关培训。培训灌输统一工作流程和操作标准,回执填写一定要在实际冻结扣划完成后处理,不能逆程序操作,保证实际冻结金额与回执填写处金额的一致性,确保账户资金已冻结。

(3)业务岗位人员切实履职,认真审核所办理业务。严格执行相关规定,在受理有权机构查询、冻结、扣划业务时,营业机构有权人会同经办柜员认真审核司法手续的合规性及相关账户信息的准确性,坚持"双人复核"受理,确保银行操作流程准确无误。

(来源:搜狐网,《合规在线|柜台查扣要谨慎　合格操作莫大意》。)

第七节　公共业务

一、收费交易

【实训目标】

1. 根据制度规定能够熟练运用系统对客户办理的业务进行收费。
2. 能够根据服务礼仪要求接待客户,并为客户办理此项业务。

【基础知识】

银行收费项目大致有开户工本费、年费、转账手续费、分期手续费、贷款利息、各类违约滞纳金等等。

【单据填写】

客户在办理收费交易业务时,需填写"一般业务申请书"。

【实训任务】

任务说明：

我行柜员在为客户陆广先生补回银行卡后，现以转账方式收取补卡工本费10元。

重要提示：

客户陆广相关信息如下：

（1）证件号码：320101198809019877。

（2）联系方式：13815416835。

（3）客户卡号：6217790001109474623。

2. 合计收费金额为收费参数的10倍。

【操作流程】

1. 根据任务说明依次点击"核心业务系统""公共业务""收费交易"，进入对应业务操作页面，并依据任务说明填写页面信息（以下步骤默认为执行快查）。

根据任务说明"现以转账方式收取补卡工本费"，选择"现转标志"为"2-转账"，"账户类型"为"1-个人"，输入"账/卡号"为"6217790001109474623"，输入"支取密码"。根据任务说明"客户陆广先生补回银行卡后"，选择"收费种类"为"CARD0002-银行卡换卡/补卡工本费"，输入"收费参数"为"1.00"，根据重要提示，选择"证件类型"为"1-居民身份证"，输入"证件号码"为"320101198809019877"。如图3-82所示。

图3-82 核心业务系统——收费交易

2. 打印相关业务凭证，打印完成后，将通用凭证交客户签名，完成本任务所有操作。

二、日常交易撤销

【实训目标】

根据业务规范能够正确地对当日错账账户在系统内进行交易撤销。

【基础知识】

日常交易撤销是指经营业主管授权后将该笔交易全额取消,把账户余额等信息恢复为差错交易执行前的状态的一种修正交易。日常交易撤销必须经客户授权,其中有密户必须凭客户密码授权。

【实训任务】

任务说明:

我行柜员在为客户许东鑫先生办理存款时误将存款金额1 860元录入为1 890元,在轧账时发现出现短款,经客户同意,柜员办理日常交易撤销业务。

重要提示:

1. 原流水号:24657608。

2. 备注:存款金额错误。

【操作流程】

1. 根据任务说明依次点击"核心业务系统""公共业务""日常交易撤销",进入对应业务操作页面,并依据任务说明填写页面信息(以下步骤默认为执行快查)。

根据重要提示输入"原流水号"为"24657608",敲击"回车键",查看交易具体信息,输入"备注"为"存款金额错误",点击"提交",完成日常交易撤销录入操作。如图3-83所示。

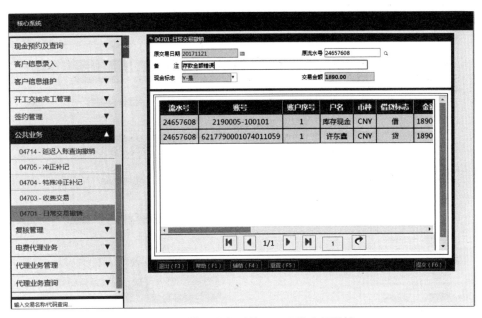

图3-83 核心业务系统——日常交易撤销

2. 录入信息提交成功后,页面跳转至复核页,复核页面填写信息须与上一步录入信息一致,复核信息填写完毕后,点击"提交"结束复核操作,完成本任务所有操作。

三、冲正补记

【实训目标】

根据操作规范,能够正确地在系统内完成冲正补记业务的操作。

【基础知识】

转账冲正即对错误的汇款业务进行纠正。当银行转账交易出现如通信超时等异常情况时,交易发起方自动或人工发起银行转账冲正交易,取消原转账交易。转出去的钱过一段时间后重新打回卡里。

【实训任务】

任务说明:

2017年11月16日发生一笔流水号为24657205的错账,次日,我行柜员办理冲正业务(本题冲正借/贷方账户)。

重要提示:

备注信息:交易时金额输错,需要冲正。

【操作流程】

1. 根据任务说明依次点击"核心业务系统""公共业务""冲正补记",进入对应业务操作页面,并依据任务说明填写页面信息(以下步骤默认为执行快查)。

(1) 根据任务说明"我行柜员办理冲正业务",选择"操作类型"为"1-冲正",输入"错账日期"为"20171116","原流水号"为"24657205",敲击"回车键",选择"借贷标志"为"1-借"。如图3-84所示。

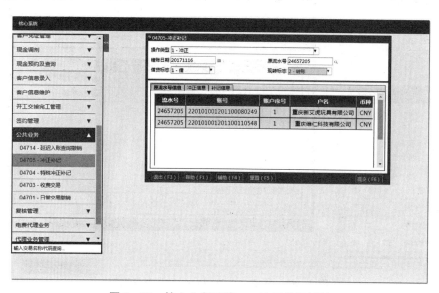

图3-84 核心业务系统——冲正补记(借)

(2)查看返显的"原流水号信息",根据"原流水号信息"内容,输入"冲正信息"页签内容,输入"冲正账号"为"2201010012011001110548",输入"金额"为"18 450.00",根据重要提示,输入"备注信息"为"交易时金额输错,需要冲正",如图3-85所示。点击"提交",进入复核页面。

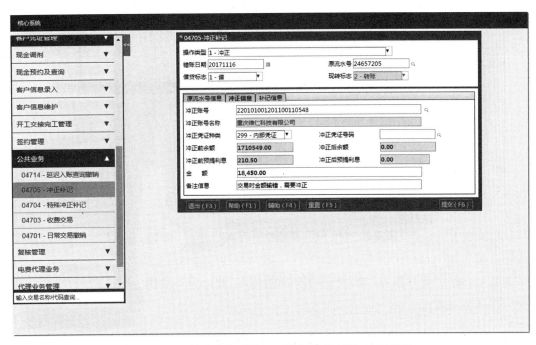

图3-85 核心业务系统——冲正补记(借)-冲正信息

2. 复核页面填写内容必须与上一步录入内容一致。复核内容填写完毕,点击下方"提交"按钮,完成复核操作。

3. 复核提交成功后进入"集中授权申请"页,勾选"授权申请书""交易凭证""现场审核",点击"提交"完成集中授权申请操作。

4. 授权成功后,页面弹出交易打印提示,点击"打印"按钮打印相关业务凭证,打印成功后,将通用凭证交客户签名,完成本任务借方冲正操作。

5. 点击右侧序号为2的任务旁"🔒"按钮,开启任务。同借方冲正操作,进入"冲正补记"业务操作页面,并依据任务说明填写页面信息(以下步骤默认为执行快查)。

(1)根据任务说明"我行柜员办理冲正业务",选择"操作类型"为"1-冲正",输入"错账日期"为"20171116","原流水号"为"24657205",敲击"回车键",选择"借贷标志"为"2-贷"。如图3-86所示。

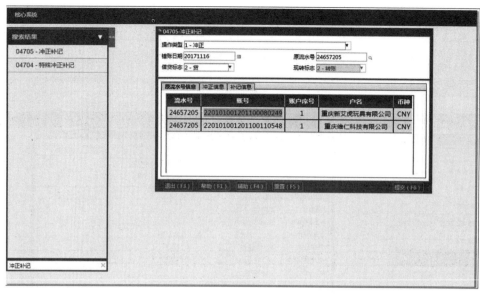

图 3-86 核心业务系统——冲正补记(贷)

（2）查看返显的"原流水号信息"，根据"原流水号信息"内容，输入"冲正信息"页签内容。输入"冲正账号"为"2201010012011000080249"，输入"金额"为"18 450.00"，根据重要提示，输入"备注信息"为"交易时金额输错，需要冲正"，如图 3-87 所示。点击"提交"，进入复核页面。

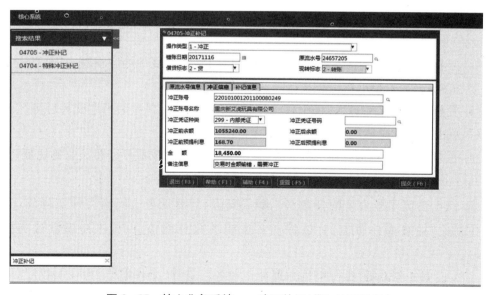

图 3-87 核心业务系统——冲正补记(贷)-冲正信息

6. 复核页面填写内容必须与上一步录入内容一致，如图 3-88 所示。复核内容填写完毕，点击下方"提交"按钮，完成复核操作。

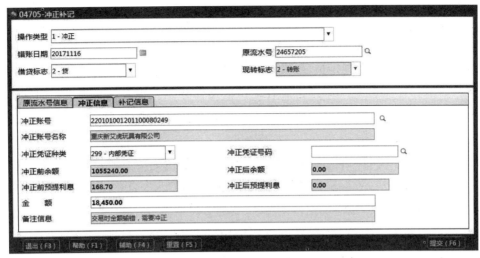

图 3-88 核心业务系统——冲正补记(贷)-复核

7. 复核提交成功后进入"集中授权申请"页,勾选"授权申请书""交易凭证""现场审核",点击"提交"完成集中授权申请操作。

8. 打印相关业务凭证,打印成功后,将通用凭证交客户签名,完成本任务贷方冲正操作。

四、特殊冲正补记

【实训目标】

1. 根据操作规范要求,能够正确地在系统内完成冲正补记业务的操作。
2. 了解特殊冲正补记与冲正补记的相同点与区别。
3. 掌握特殊冲正补记操作流程及要点。

【实训任务】

任务说明:

2017年11月21日,重庆集胜投资管理有限公司通过一张票面金额为381 571元的转账支票(号码:3140522000353448)支付此前所欠重庆新艾虎玩具有限公司的货款,由于我行柜员将票面金额错误输入为371 517元,现柜员通过特殊冲正补记业务进行冲正且补记操作,处理当日错账。

重要提示:

1. 重庆集胜投资管理有限公司账号:820000000021013574。
2. 重庆新艾虎玩具有限公司账号:820000000021100575。
3. 通过冲正借方账户,补记贷方账户完成操作。
4. 备注信息:由于金额输错需冲正补记。

【操作流程】

1. 根据任务说明依次点击"核心业务系统""公共业务""特殊冲正补记",进入对应业务操作页面,并依据任务说明填写页面信息(以下步骤默认为执行快查)。

(1) 根据任务说明"现柜员通过特殊冲正补记业务进行冲正且补记操作,处理当日错账",选择"操作类型"为"3-冲正且补记",根据任务说明提及的交易发生时间,输入"错账日期"为"20171121",根据重要提示"通过冲正借方账户,补记贷方账户完成操作",选择"借贷标志"为"1-借"。

(2) 根据任务说明判断重庆集胜投资管理有限公司为借方账户,重庆新艾虎玩具有限公司为贷方账户,故根据重要提示输入"冲正账号"为"820000000021013574","备注信息"为"由于金额输错需冲正补记"。根据任务说明"重庆集胜投资管理有限公司通过一张票面金额为 381 571 元的转账支票(号码:3140522000353448)支付此前所欠重庆新艾虎玩具有限公司的货款",选择"冲正凭证种类"为"015-转账支票",输入"冲正凭证号码"为"3140522000353448"。根据任务说明"由于我行柜员将票面金额错误输入为 371 517 元",输入"金额"为"371 517.00"。

(3) 根据重要提示输入"补记账号"为"820000000021100575","备注信息"为"由于金额输错需冲正补记",选择"补记凭证种类"为"015-转账支票",输入"补记凭证号码"为"3140522000353448"。如图 3-89 所示。

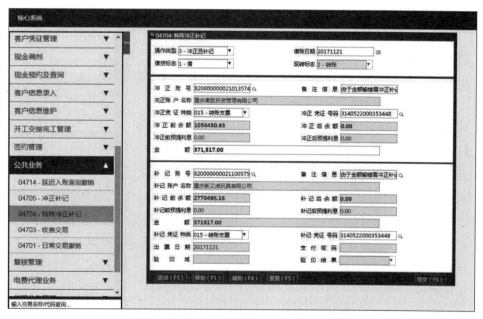

图 3-89 核心业务系统——特殊冲正补记

2. 录入页面信息输入完毕,点击页面下方"提交"按钮,完成特殊冲正补记录入操作。

3. 成功提交录入信息后,进入复核页面,复核页面输入内容须与上一步录入内容一致,否则无法成功提交,如图 3-90 所示。

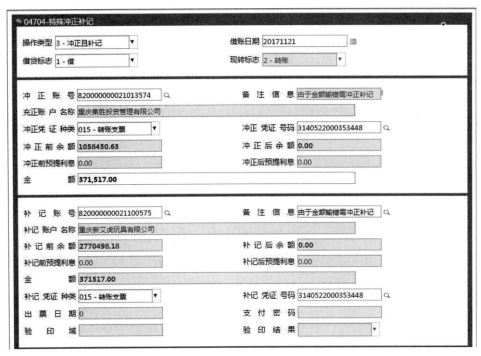

图 3-90 核心业务系统——特殊冲正补记-复核

4. 复核成功后页面跳转至"集中授权申请"页面,勾选"授权委托书""交易凭证""现场审核"。点击授权页面下方"提交"按钮,结束集中授权申请操作,完成本任务所有操作。

◇ **案例分析**

冒名开户案例

某行柜员小张为客户办理密码和书面双挂失业务。

在挂失结清销户时发现非客户本人办理业务,有冒领客户存款的嫌疑。柜员小张立即开展补救措施:

1. 办理挂失销户冲正业务。
2. 与客户开户凭条笔迹进行了比对,确认不一致。
3. 通过开户凭条上留存的联系电话和地址,均未联系到户主本人,此账户现处于挂失状态。

分析:

柜员小张在后续处理时及时发现并制止冒名挂失,采取了补救措施,消除了隐患(如未能及时补救,银行将面临法律诉讼的风险并承担资金损失)。

那么,如何防范冒名挂失风险?

个人业务风险中,客户身份识别是重中之重。在办理挂失业务前,一定要严格进行客户身份核查、身份识别,检查挂失人的身份证明材料,查看是否为真实证件,并将证件照片与挂失人进行认真比对。对仅凭证件仍不易确定其户主身份的,应向挂失申请人提问,提问内容可围绕所挂失账户的基本情况展开,比如:户主的出生年月、账户余额、开户日期、开户金额、开户时留存的联系方式,近期的主要交易情况等。

(来源:沁县农商行,《【风险防范】银行柜面风险案例分析》。)

第四章 04

客户经理岗

客户经理主要负责处理个人信贷与公司信贷业务,本章实训课程的学习目标主要是了解商业银行贷款业务管理的工作环节和操作流程,熟悉公司贷款和个人贷款的具体内容,掌握公司贷款与个人贷款的贷款种类。

第一节 贷款业务基础知识

商业银行最主要的资产业务就是贷款。贷款指的是商业银行作为贷款人依照国家政策及相关法律法规,以收取借款人利息为条件,向借款人提供资金的一种借贷行为。贷款的构成要素包括:贷款对象、贷款条件、贷款用途、贷款期限、贷款利率和还款方式等。

一、贷款种类

商业银行根据自身经营管理的需要,对各类贷款按照不同的标准进行了分类。

(一) 按期限分类

商业银行按照贷款期限的长短将贷款分为短期贷款、中期贷款和长期贷款。短期贷款期限为1年以内(包含1年)。中期贷款期限为1—5年(不包含1年、包含5年)。长期贷款期限为5年以上(不包含5年)。在我国,短期贷款又称为流动资金贷款,主要用于满足企业的流动资金需求;中长期贷款主要以固定资产贷款为主,包括基本建设贷款、技术改造贷款和房地产贷款。

(二) 按贷款类型分类

1. 信用贷款。信用贷款是指商业银行依据借款人的信用状况向借款人发放的贷款,这类贷款没有人的担保(保证人),也没有物的担保(抵押和质押),借款人仅凭信誉即可获得贷款。从理论上讲,这类贷款风险较大,商业银行一般只向信誉好的借款人发放。

2. 担保贷款。担保类贷款是由借款人自己提供抵押物,或者由有还款能力的第三方提供合法的担保而发放的贷款。担保类贷款包括信用保证贷款、抵押贷款、质押贷款等。

3. 票据贴现。票据贴现是指商业银行通过购入借款人还未到期的商业票据的方式发放的贷款。商业票据贴现的贷款风险相对较小。

(三) 按贷款用途分类

1. 流动资金贷款。为满足生产经营过程中的短期资金需求,确保生产经营活动的正常进行而发放的贷款,按贷款期限可分为一年期以内的短期流动资金贷款和一年至三年期的中期流动资金贷款。

2. 固定资产贷款。商业银行以企业因购置固定资产、技术改造、引进和开发等需要资金而发放的贷款。

(四) 按偿还方式分类

按照偿还方式的不同可以划分为一次性偿还贷款和分期偿还贷款。一次性偿还贷款是指借款人在贷款到期日一次性还清贷款本息的贷款。分期偿还贷款是指借款人按规定按月、季、年分次偿还本金和支付利息的贷款,一般中长期大多采取这种方式。

二、贷款程序

贷款的一般流程:贷款申请—信用评估—贷前调查—贷中审查—落实担保—签订合同—发放贷款—贷后管理—贷款回收。下面简单介绍一下其中的几个主要环节。

(一) 贷款申请

凡符合借款条件的借款人,在银行开立结算账户,与银行建立信贷关系之后,如果出现资金需求,都可以向银行申请贷款。为便于贷款人审查贷款,借款人在递交借款申请书的同时,还必须提供以下资料:借款人及保证人的基本情况及有关法律文件,如营业执照、组织机构代码证、税务登记证、法人代表有效身份证明以及对经办人的授权委托书等文件;资产负债表;抵押物及相关证明文件。

(二) 信用评估

商业银行不仅要深入细致地调查借款人的贷款申请,还要对借款人提供的资料及借款人本人的个人领导者素质、还款能力、经营效益和发展前景等因素进行信用评估。信用评估可依靠银行本身有经验的工作管理人员及智能评分系统进行,也可以交付专门的信用评估机构处理。

（三）贷前调查

贷前调查是指信贷人员履行自身职能、责任和权利对借款人做好调查分析的准备工作。贷前调查的方法包括座谈调查、数据资料调查、实地调查等；贷前调查的内容主要有了解借款人的基本情况、生产经营情况、还款能力、技术优势、发展潜力等。

（四）贷中审查

贷中审查是指商业银行根据"审贷分离、分级审批"的贷款原则进行贷款审批。各级审批人员及审贷委员会成员着重审查贷款原因、额度、期限和用途等，并根据信贷人员贷前调查报告中提供的有关资料进行核实、评定，复测贷款风险度，提出意见。

贷中审查的主要审查机构是信贷审查部、审贷委员会，审查的具体内容有：借款人基本信息，借款人相关法律文件的合法合规性，保证人、抵押物或质押物产权所属的法律手续资料，保证、抵押或质押担保，贷款合同的合法合规性等。

（五）发放贷款

贷款审批通过后就到了发放贷款程序，商业银行应按照合同规定的条款发放贷款。在发放贷款前，借款人还需要填写好借据，经办人员审核无误后交由信贷部门负责人审批，审批无误后相关负责人将会出具签字盖章后的放款通知书，最后由经办人在贷款系统中将该笔贷款金额划入借款合同上的收款账户。

（六）贷后管理

贷后管理即贷款发放后，贷款人应当对借款人履行借款合同的情况及借款人的经营状况进行的追踪调查和检查。贷后管理的主要内容包括：借款人的基本信息是否变更；贷款资金使用用途是否符合借款合同规定；借款人的产品适销程度及市场变化；保证人、抵押物或质押物的风险情况；借款人资产负债结构的变化；借款人还款资金来源的落实情况等。

（七）贷款回收

贷款人应当按照借款合同规定按时足额收回贷款本金和利息，并将贷款过程的相关资料归档。贷款人在短期贷款到期一个星期之前、中长期贷款到期一个月之前，应向借款人发出还本付息通知单。贷款人对逾期的贷款要及时发出催收通知单，做好逾期贷款本息的催收工作。贷款人对不能按借款合同约定期限归还的贷款应当按规定加收罚息。

如遇到借款人不按时还款或没有能力还款的违约情况，商业银行还要开展贷款展期、呆账认定、贷款诉讼等工作。

第二节 贷款业务实操

一、个人信贷

【实训目标】

1. 了解个人贷款中贷前、贷中、贷后流程中作为客户经理要注意及处理的事项。
2. 了解个人贷款中抵押担保贷款、信用贷款等不同类型贷款的过程。

【基础知识】

贷款业务是商业银行最重要的资产业务,通过放款收回本金和利息,扣除成本后获得利润,所以信贷是商业银行的主要盈利手段。

【操作流程】

客户档案管理—担保品信息管理—业务申请—业务调查—业务审批—放贷管理—房贷审核—贷款发放。

具体步骤:

1. 客户档案管理:点击"客户基本信息"右边的" 🔒 "开启任务,依次选择"客户档案管理""个人客户""锁定客户",进入对应业务操作界面,根据任务说明和重要提示填写页面信息。

(1)点击"新增客户"按钮,"客户名称"输入"谢嘉城","证件名称"选择"身份证","证件号码"输入"440301198704265034",点击"保存"完成新增客户,该页面将出现一条客户记录。如图 4-1 所示。

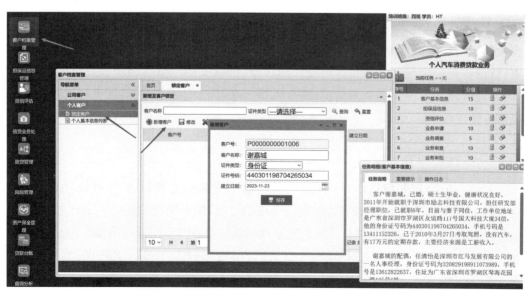

图 4-1　客户档案管理——新增客户

（2）新客户创建客户号：选中"谢嘉城"这一条客户记录，点击"锁定客户"，完成客户锁定，锁定该客户信息才能进行下一步基本信息的录入。如图4-2所示。

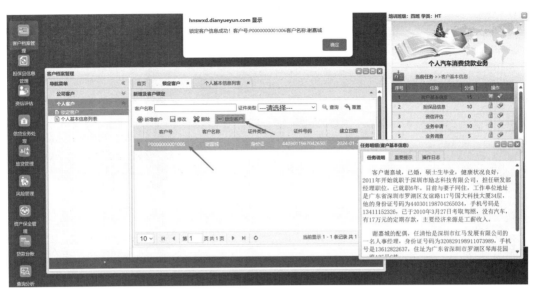

图4-2　客户档案管理——锁定客户

（3）个人基本信息录入：选择"个人基本信息基本列表"，点击"新增"按钮，进入"个人基本信息录入"界面，根据任务说明及重要提示中的内容进行客户基本信息录入，录入完成后点击"保存"。如图4-3所示。

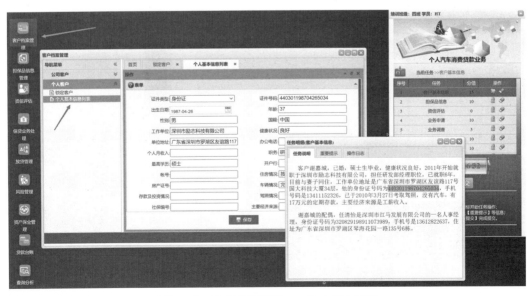

图4-3　客户档案管理——个人基本信息

2. 担保品信息录入：点击" 🔒 "开启任务，注意信息录入的顺序。首先选择"担保品信息管理"，先进行"抵质押品信息录入列表"录入，如图4-4所示；然后进行"车辆工具情况列表"录入，完成后点击"保存"，如图4-5所示。其中，抵质押品编号由系统自动给出。

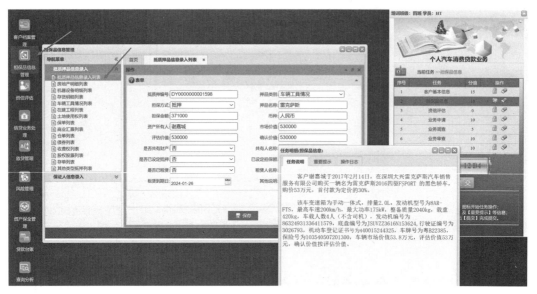

图4-4 担保品信息管理——抵质押品信息

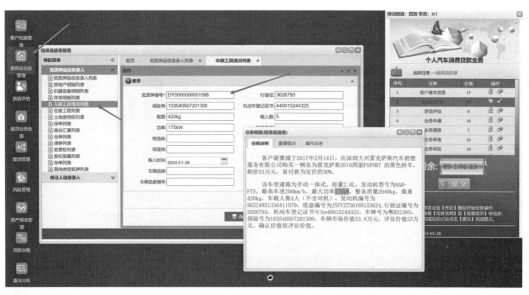

图4-5 担保品信息管理——车辆工具情况

3. 信贷业务处理：点击" 🔒 "开启任务，选择"信贷业务处理"，在"信贷业务处理"页面中选择"业务申请"，然后根据任务说明及重要提示在"个人汽车消费贷款申请列表"

中录入客户信息,最后点击"保存"。如图4-6所示。(注意:贷款案例中的利率若在重要提示中无明确指出,则需要根据题意进行计算。)

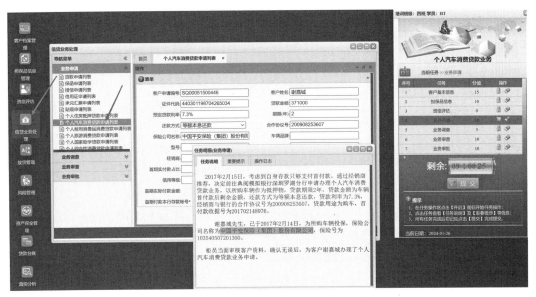

图4-6 信贷业务处理——业务申请

4. 选择上一步骤录入的申请列表信息,点击"提交",提交后业务申请信息转至"业务调查"。如图4-7所示。

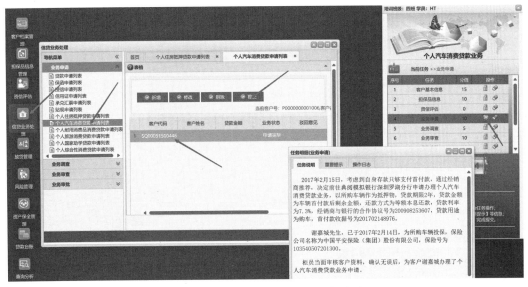

图4-7 信贷业务处理——业务申请

5. "业务调查":点击" 🔒 "开启任务,选择"业务调查",在"个人汽车消费贷款调查"一栏中根据任务说明及重要提示的内容录入客户信息,最后点击"保存"转至"业务审查"。如图4-8所示。

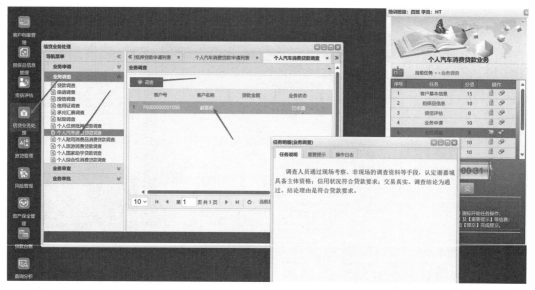

图4-8　信贷业务处理——业务调查

6."业务审查"：点击"🔒"开启任务，选择"业务审查"，根据任务说明及重要提示的内容在"个人汽车消费贷款审查"一栏录入相关信息，点击"保存"后转至"业务审批"。如图4-9所示。

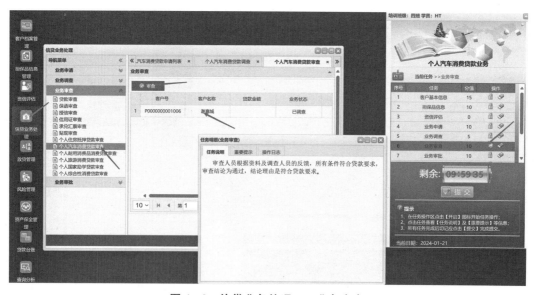

图4-9　信贷业务处理——业务审查

7.贷款审批：点击"🔒"开启任务，选择"业务审批"，根据任务说明及重要提示的内容在"个人汽车消费贷款审批"一栏录入相关信息，点击"保存"。如图4-10所示。

第四章　客户经理岗

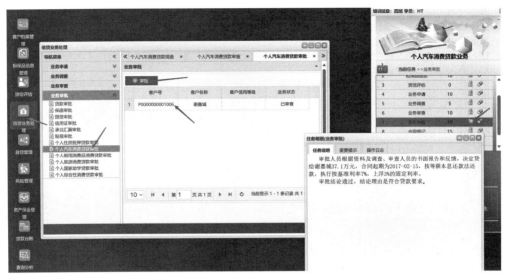

图 4‑10　信贷业务处理——业务审批

8. 重新回到"业务申请",重新选中贷款申请信息,点击"提交",提交后业务申请信息转至"合同登记"模块。如图 4‑11 所示(注:这一步如未完成,"合同登记"列表中无法找到该客户信息。)

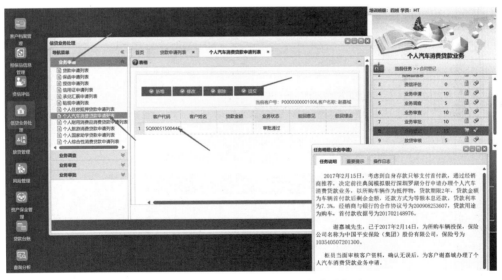

图 4‑11　信贷业务处理——业务申请提交

9. 放贷管理信息录入:点击" 🔒 "开启任务,在"放贷管理"下选择"合同登记"点击进入;首先在"主合同登记"栏中依据任务说明及重要提示录入相关信息,完成后点击"保存",如图 4‑12 所示;然后选择"担保合同登记",进行信息录入并保存,如图 4‑13 所示;接着退回到"合同登记"界面,选中"合同登记"栏中的这笔贷款信息,点击"提交"转至"放贷审核",如图 4‑14 所示。

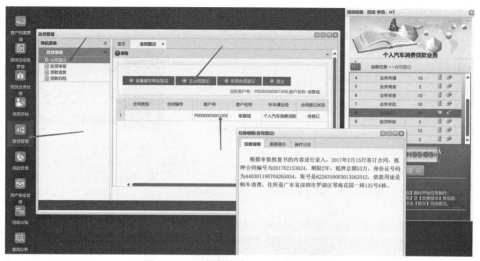

图 4-12　放贷管理——主合同登记

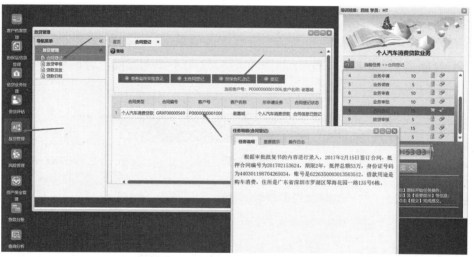

图 4-13　放贷管理——担保合同登记

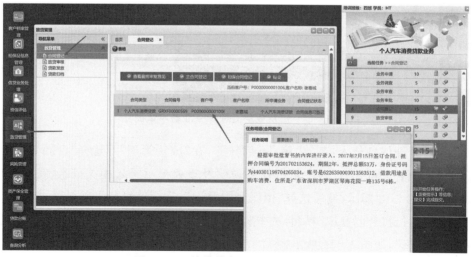

图 4-14　放贷管理——合同登记提交

10. 放贷审核信息录入：点击"🔒"开启任务，选择"放贷审核"，按照任务明细进行信息录入，保存后转至"贷款发放"。如图 4‑15 所示。

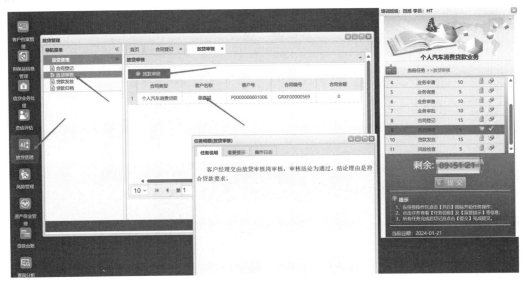

图 4‑15　放贷管理——放贷审核

11. 贷款发放信息录入：点击"🔒"开启任务，选择"贷款发放"，按照"任务明细"中的内容进行信息录入，点击"保存"后"提交"。如图 4‑6 所示。至此，整个贷款发放环节结束。

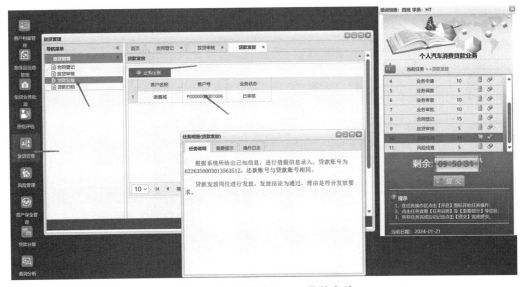

图 4‑16　放贷管理——贷款发放

二、公司贷款

【实训目标】

1. 了解抵押担保贷款与信用贷款的不同点及注意事项。

2. 完成抵押担保贷款与信用贷款申请中系统信息正确的录入。

【操作流程】

客户基本信息—借款人大事记—担保品信息录入—业务申请—业务调查—业务审查—业务审批—信贷合同登记—放贷审批—贷款发放。

具体步骤：

1. 客户号创建：点击"🔒"开启任务，在界面中进入"客户档案管理"，选择"公司客户"，点击"新增客户"后根据任务说明及重要提示将相关客户信息录入，完成后点击"保存"。如图4-17、图4-18所示。

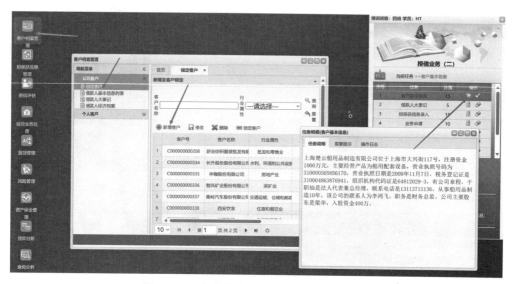

图4-17 客户档案管理——解锁开启任务

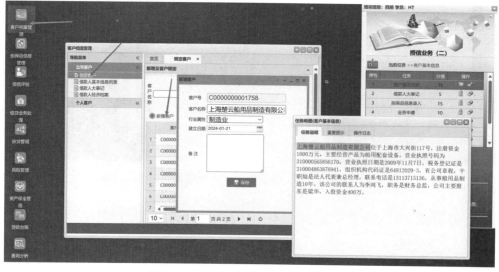

图4-18 客户档案管理——新增客户

2. 锁定客户：选中已新建好的客户信息，点击"锁定客户"，如图 4-19 所示。锁定客户的目的是为了进行客户基本信息的录入。

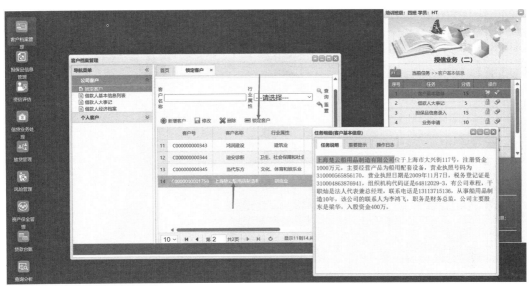

图 4-19　客户档案管理——锁定客户

3. 借款人基本信息录入：锁定客户后点击"借款人基本信息列表"，然后点击"新增"后根据任务说明及重要提示中的信息填写完成并保存。如图 4-20 所示。

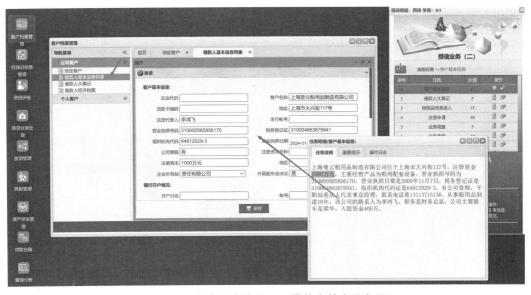

图 4-20　客户档案管理——借款人基本信息录入

4. 借款人大事记信息录入：完成客户基本信息录入后，点击右侧"借款人大事记"后的" "开启任务，然后选择"借款人大事记"后点击"新增"，根据任务说明及重要提示录入客户相关信息,完成后点击"保存"。如图 4-21 所示。

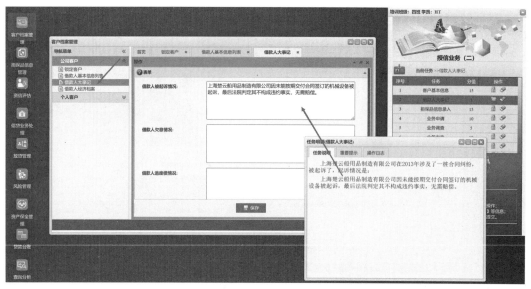

图 4-21 客户档案管理——借款人大事记录入

5. 担保品信息管理:点击" 🔒 "开启任务,选择"担保品信息管理"。首先选择"抵质押品信息录入列表"后点击"新增",根据任务说明及重要提示录入客户相关信息,完成后点击"保存";然后,选择"机器设备明细列表",点击"新增",根据题干给出的信息在"机器设备明细列表"中完成填写,点击"保存"。其中,抵质押编号可在操作日志中查看。如图 4-22~图 4-24 所示。

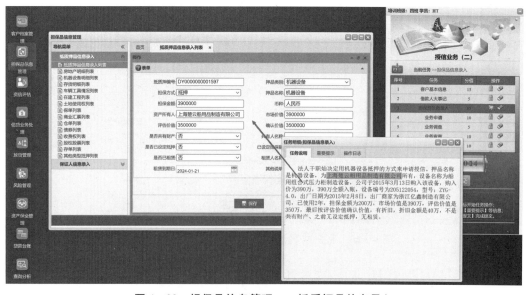

图 4-22 担保品信息管理——抵质押品信息录入

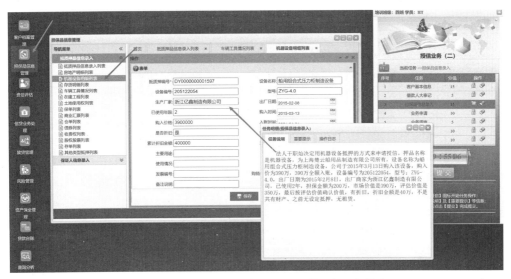

图 4-23　担保品信息管理——机器设备明细录入

图 4-24　担保品信息录入(查找担保品抵质押编号)

6. 业务申请信息录入：点击" 🔒 "开启任务，选择"信贷业务处理"。选中"业务申请"中的"授信申请列表"后点击"新增"，根据题干给出的信息在"授信申请列表"中填写相关信息，点击"保存"；然后选中已填写好的信息，点击"提交"，如图 4-25、图 4-26 所示。

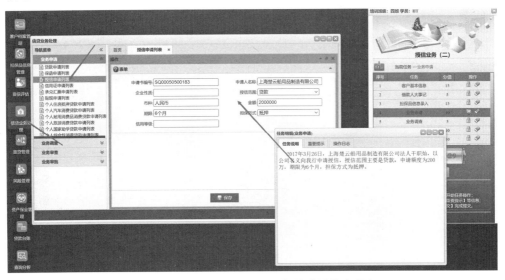

图 4-25　信贷业务处理——授信申请信息录入

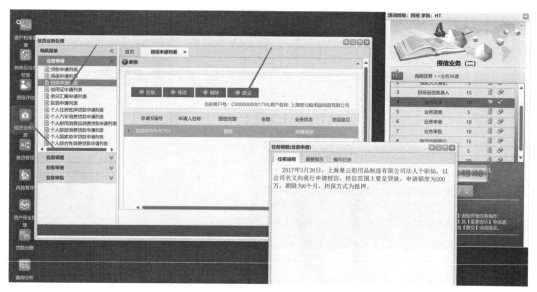

图 4-26　信贷业务处理——授信申请提交

7. 业务调查信息录入：点击"🔒"开启任务，选择"信贷业务处理"。根据前一步"授信申请"的要求选择"业务调查"中的"授信调查"，点击"调查"，并根据题目信息填写"调查结论"和"结论理由"，点击"保存"。如图 4-27、图 4-28 所示。

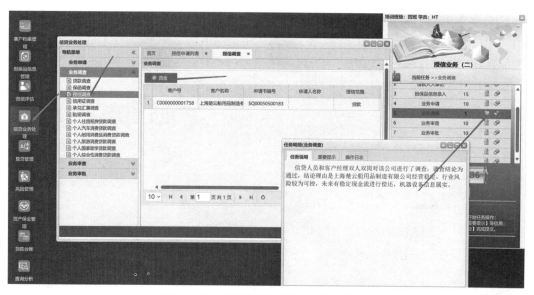

图 4-27　信贷业务处理——业务调查

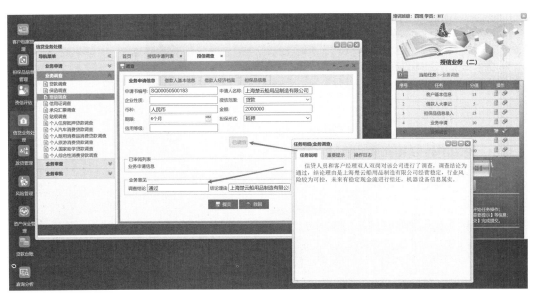

图 4-28　信贷业务处理——业务调查信息录入

8. 授信审查信息录入：点击"🔒"开启任务，选择"信贷业务处理"。根据前一步"授信调查"的要求选择"业务审查"中的"授信审查"，选中本次申请贷款的公司信息并点击"审查"，然后根据题目信息填写"审查结论"和"结论理由"，点击"保存"。如图4-29、图4-30所示。

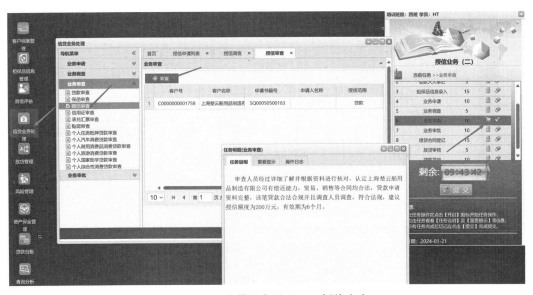

图 4-29　信贷业务处理——授信审查

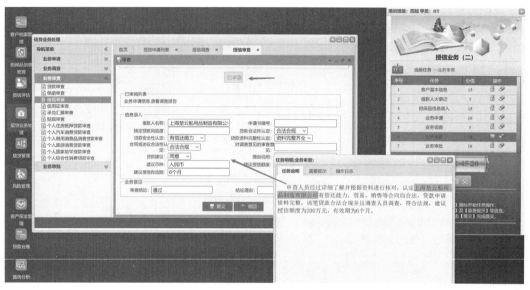

图 4-30　信贷业务处理——授信审查信息录入

9. 业务审批信息录入：点击"🔒"开启任务，选择"信贷业务处理"；选中"业务审批"下的"授信审批"，选中本次申请贷款的公司信息，点击"审批"；然后根据任务说明信息填写审批内容，点击"保存"（公司信息可在客户基本信息的任务说明中查看）。如图4-31、图4-32所示。

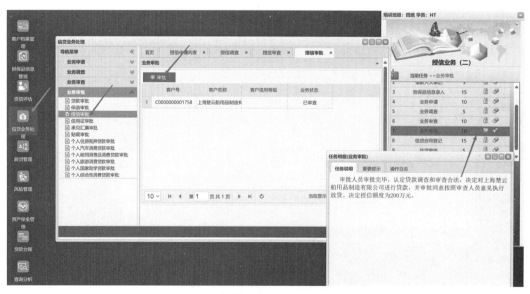

图 4-31　信贷业务处理——授信审批

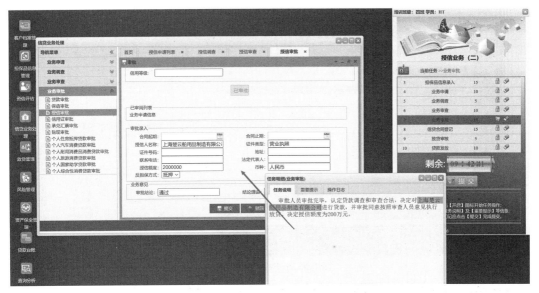

图 4-32 信贷业务处理——授信审批信息录入

10. "业务审批"信息录入完成后,返回"授信审批"列表,选中本次申请贷款的公司客户信息,然后再次点击"提交"。如图 4-33 所示。

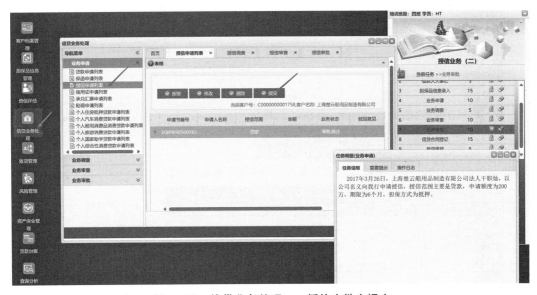

图 4-33 信贷业务处理——授信审批完提交

11. 合同登记信息录入:点击" "开启任务,根据任务提示在"放贷管理"中选中"合同登记",首先录入"主合同登记"中的信息,根据任务说明填写"主合同登记"相关信息,点击"保存";然后录入"担保合同登记"中的信息,根据任务提示填写"抵押合同"相关信息并点击"保存"。这两项合同信息登记完成后选中该笔业务点击"提交",至此合同登记信息录入完成。如图 4-34~图 4-38 所示。

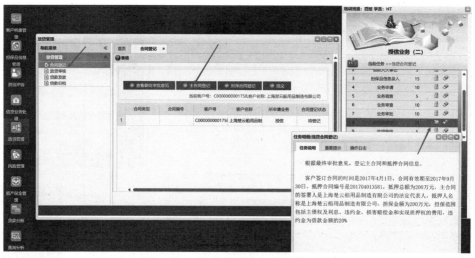

图 4-34　放款管理——主合同登记

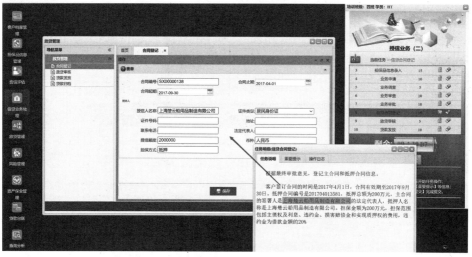

图 4-35　放款管理——主合同登记信息录入

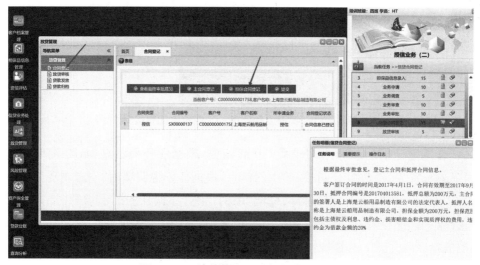

图 4-36　放款管理——担保合同登记

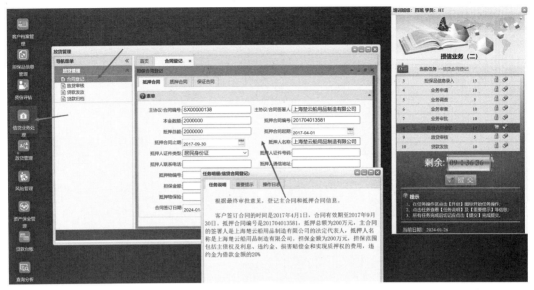

图 4‑37　放款管理——担保合同信息录入

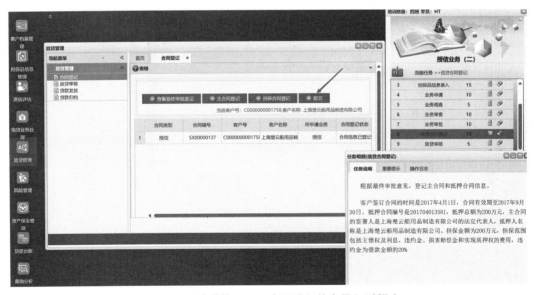

图 4‑38　放款管理——合同登记信息录入后提交

12. 放贷审核信息录入：点击"🔒"开启任务，根据任务提示在"放贷管理"选中"放贷审核"，选中本次申请贷款的公司信息，然后点击"放款审核"。在"放贷审核"中点击"调查"，根据任务说明填写"审核结论"和"结论理由"，然后点击"提交"。如图 4‑39、图 4‑40 所示。

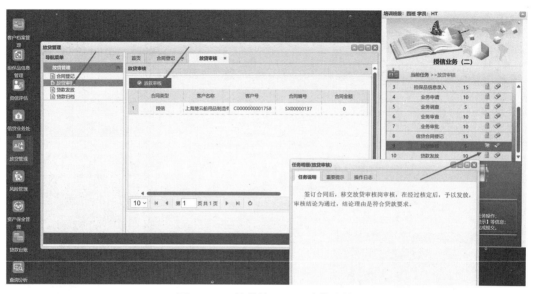

图 4-39 放款管理——放贷审核

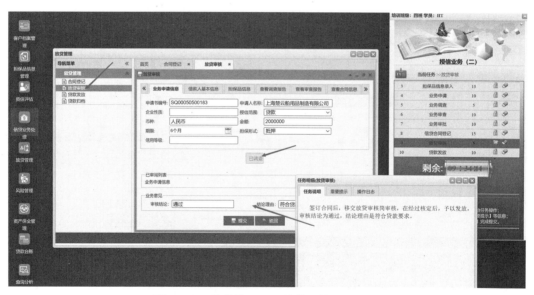

图 4-40 放款管理——放贷审核信息录入

13. 贷款发放信息录入：点击"🔒"开启任务，根据任务提示在"放贷管理"选中"贷款发放"，选中本次申请贷款的公司信息，点击"业务出账"；然后在"业务出账"中点击"调查"，根据任务说明录入信息，点击"保存"。如图 4-21、图 4-42 所示。至此，整笔公司授信贷款发放完成。

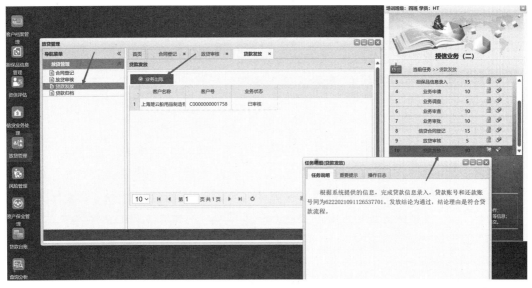

图 4-41 放款管理——贷款发放

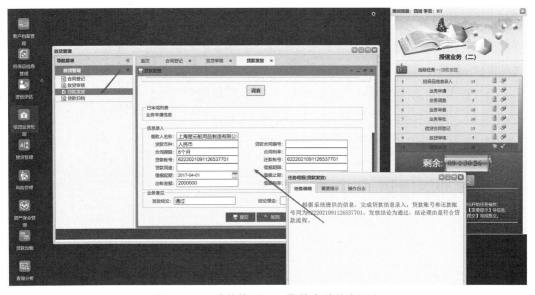

图 4-42 放款管理——贷款发放信息录入

◇ 案例分析

某信用社违法发放贷款近千万元

2011 年至 2014 年间,某信用社中所分社主任兼客户经理张某、综合柜员张某某,先后利用自己的职务便利,违反《商业银行法》《中国人民银行贷款通则》等法律法规,在未开展贷款调查、未履行担保程序、明知贷款用途不实、贷款资金由自己及第三人实际使用的情况下,向杨某、徐某、赵某等人发放贷款 92 笔。

经鉴定,张某某发放的违法贷款金额为 996.3 万元,贷款余额 8 347 991.09 元仍未收回。

经依法开庭审理后法院认为,被告人张某、张某某作为金融机构工作人员,多次违法发放贷款,造成特别重大损失,其行为已构成违法发放贷款罪。

法院依法判决被告人张某、张某某犯违法发放贷款罪,分别判处有期徒刑四年,并处罚金10万元。

分析:

(1) 我国《刑法》第一百八十六条主要规定了违法发放贷款罪的刑事责任,其中有:银行或者其他金融机构的工作人员违反国家规定,向关系人发放贷款的,依照前款的规定从重处罚。单位犯前两款罪的,对单位判处罚金,并对其直接负责的主管人员和其他直接责任人员,依照前两款的规定处罚。

(2) 银行信贷从业人员应牢记"以敬畏之心对待信贷工作,坚守风险合规底线",严格遵守信贷业务规定,莫因一时贪念成为犯罪分子的帮凶,也莫因一时贪心酿成大错,以身试法。

(3) 金融机构应加强内部管理,在贷款审核环节建立完善的审核机制,强调贷款申请人的资质审核和真实性核查,以减少虚假贷款信息的流入。

(4) 金融机构应建立健全的风险控制体系,加强对贷款额度的管理,确保不发生超贷现象,避免风险暴露。

(5) 金融机构应加强对金融监管规定的学习和遵守,规范经营行为,不得违规操作,以维护金融市场的稳定性和公众的信任度。

(来源:交通安全周刊,《银行、金融机构从业人员违法发放贷款案件频发 违法放贷"贷"了就"刑"》。)

第五章 05

理财经理岗

银行理财经理的主要工作有：根据市场需要，向用户推广理财产品，从而完成部门销售指标；向用户解答关于理财产品方面的咨询。

银行理财经理的职责有：负责拓展个人高净值客户，并协助做好客户维护及关系管理；负责向个人客户做好产品推介，配合达成各类产品的营销目标；为个人客户提供金融产品相关的信息支持，做好售后跟踪与服务；配合公司营销品宣、市场推广及各类产品路演等活动；完成上级交办的其他工作事项。

第一节 个人理财基础知识

【实训目的】
1. 了解个人理财及个人理财规划的含义。
2. 理解商业银行个人理财业务的内容。
3. 掌握个人理财规划的目标与原则。

一、个人理财与个人理财规划

(一) 个人理财

个人理财是指确定阶段性生活和投资目标，审视个人的资产分配状况和承受能力，根据自己的资产账户及相关信息，及时调整资产配置与投资，以达到个人收益的最大化。

【理财误区】
理财是有钱人的事。
钱少，理财效果不好。

忙,没时间理财。

不懂理财知识。

理财就是一夜暴富。

理财就是买股票/投资。

理财无风险。

【讨论】

投资、投机、理财之间有什么区别?

个人理财的关键在于制订科学、可行、有效的个人理财规划。

【知识专栏】四种理财价值观(见表5-1)

表5-1 四种理财价值观

价值观	特点	优点	缺点	注意问题
蚂蚁	不注重眼前享受	退休期生活较好	过于保守	注重财富的有效增值
蟋蟀	注重眼前享受	工作期生活较好	消费过度	注意收支平衡
蜗牛	关注住房较早	拥有房屋	资金紧张	合理做出购房决策
慈鸟	关注子女	子女可能较为成功	资金紧张	应留一些资源给自己

资料来源:柴效武,《个人理财》。

(二) 个人理财规划

个人理财规划是指由专业人士及机构根据生命周期理论、依据个人(家庭)财务及非财务状况,运用规范的、科学的方法并遵循一定的原则和程序制订的切合实际、可操作的某一方面或一系列相互协调的规划方案,最终实现个人(家庭)终身的财务安全与财务自由。因而,个人理财规划是全方位的综合性、个性化服务,是一项长期规划。

由于专业性强,科学、合理的个人理财规划一般要借助金融机构(也就是银行、保险、证券等机构)提供的专业服务才能制订。金融机构可以为个人理财提供储蓄、信贷、证券、保险、信托、基金、期货、租赁等金融工作和产品平台,以及资产组合、资产配置等各种理财方法和合适的理财方案,满足客户人生不同阶段的需求。

理财规划师是为客户提供全面理财规划的专业人士。他们运用理财规划的原理、技术和方法,针对个人、家庭以及中小企业、机构的理财目标,提供综合性理财咨询服务。国内的理财规划师主要供职于银行、保险、证券等金融机构。

(三) 商业银行个人理财业务的含义

1. 商业银行个人理财业务的概念

2005年11月1日,我国正式实施《商业银行个人理财业务管理暂行办法》,其中第二条指出:"本办法所称个人理财业务,是指商业银行个人客户提供的财务分析、财务规划、投资顾问、资产管理等专业化服务活动。"

个人理财业务也称财富管理业务,是商业银行为个人客户提供的财务分析、财务规划、投资顾问、资产管理等专业化服务的活动,已成为发达国家商业银行利润的重要来源之一。国际上成熟的理财服务是指:银行利用掌握的客户信息与金融产品,分析客户自身财务状况,通过了解和发掘客户需求,制订客户财务管理目标和计划,并帮助选择金融产品以实现客户理财目标的一系列服务过程。

2. 个人理财业务的分类

按照管理运作方式不同,商业银行个人理财业务可以分为理财顾问服务和综合理财服务。其中,理财顾问服务是指银行向客户提供的财务分析与规划、投资建议以及个人投资产品推介等专业化服务。综合理财服务是指理财师在向客户提供理财顾问服务的基础上,接受客户的委托和授权,按照与客户事先约定的投资计划和方式进行投资和资产管理的业务活动。在综合理财服务活动中,投资收益与风险由客户或客户与银行按照约定方式分享与承担。综合理财服务可进一步划分为理财计划和私人银行业务两类,理财计划服务于特定目标客户群体;私人银行业务则服务于高净值客户。

根据客户类型进行业务分类,个人理财业务可分为理财业务、财富管理业务和私人银行业务。其中,理财业务是面向所有客户提供的基础性服务;财富管理业务是面向中高端客户的服务;私人银行业务则是仅面向高端客户的服务。私人银行业务包括资产管理服务、保险服务、信托服务、税务咨询和规划、遗产咨询和规划、房地产咨询等。

二、个人理财规划的目标与原则

(一) 个人理财规划的总体目标

个人理财规划首要目标为财务安全,达到人生各阶段收支平衡;最终目标是财务自由,投资收入完全覆盖各项支出。

1. 财务安全

个人或家庭对自己的财务状况有着充分的信心,认为现有财富足以应对未来的财务支出和其他生活目标,不会出现太大的财务危机。

衡量标准:是否有充足、稳定的收入;是否有充足的现金准备;是否有适当的住房;是否购买了适当的财产和人身保险。

2. 财务自由

个人或家庭的收入主要来源于主动投资而非被动工作,个人或家庭的生活目标比财务安全更有保障。

主要体现在：投资收入完全覆盖各项支出；个人从被迫工作的压力中解放出来；已有财富成为创造更多财富的工具。

（二）理财的具体目标

必要的资产流动性——持有现金动机（预防、交易和投机）。
合理的消费支出——住房、车和信用卡消费。
实现教育期望——有能力合理支付自己及子女的教育费用。
完备的风险保障——保险规划将意外事件带来的损失降到最小。
合理的纳税安排——税收筹划减少或延缓税负支出。
积累财富——投资规划，增加收入，最终实现财务自由。
安享晚年——退休规划"老有所养，老有所终，老有所乐"。
有效的财产分配与传承——合法、合情、合理的分配与传承。

（三）理财规划的原则

整体规划——必须是一个全面综合的整体性解决方案。
提早规划——尽量利用复利"钱生钱"。
现金保障优先——日常生活覆盖储备、意外现金储备。
风险管理优于追求收益——先保值后增值。
消费、投资与收入相匹配——形成资产的动态平衡。
家庭类型与理财策略相匹配——生命周期理论。

三、个人理财规划的内容

（一）现金规划

为了满足日常支出需求、预防突发事件需要和投机性需要，人们手中必须持有足够的现金，但同时需要考虑持有货币的机会成本。通过现金规划既能保证短期资金需求的充足，同时未来资金需求的流动性可通过货币市场工具来实现，灵活性和流动性并存。

（二）消费支出规划

个人理财的主要目的是为了实现个人及家庭财务状况的稳定，也就是财务安全，理性的消费支出能避免出现较大的财务风险，合理的消费支出规划能够在极大程度上保证家庭收支结构的整体平衡。

(三) 教育规划

教育是人类灵魂的洗礼，是个人实现价值的必经环节，在知识经济时代，人们对受教育程度的要求越来越高。随着家庭对教育的重视，教育费用持续上升，教育支出占家庭总支出的比重越来越大。因而，需要提前做好教育规划，通过相应的理财手段和财务计划，确保满足自身及子女教育费用的支出。

(四) 保险规划

世事无常，风险无处不在，为了个人及家庭生活的安全和稳定，人们需要通过风险管理和保险规划，遵循量力而行的原则，做出恰当合理的财务安排，在风险产生时获得相应的经济补偿，以此转移风险，将意外事件带来的损失降到最低，从而保护生命安全，保障生活质量。

(五) 积累财富

个人财富的增加可以通过减少支出相对实现，但个人财富的绝对增加最终要通过增加收入来实现。薪金类收入有限，投资则完全具有主动争取更高收益的特质，个人财富的快速积累更主要靠投资实现。根据理财目标、个人可投资额以及风险承受能力，人们可以先确定有效的投资方案，选择一些收益较高的、用户资金交由银行存管的稳健型理财产品，来逐步实现个人的理财目标。

第二节 个人理财规划实操

【实训目的】

1. 了解个人理财规划的内容。
2. 理解个人理财规划的财务分析及各分项规划的基础知识。
3. 掌握现金规划、保险规划、教育规划、购房规划、投资规划、养老规划的操作要点。

【操作流程】

1. 进入典阅银行综合实训仿真软件 V6.0，点击"银行核心业务岗位操作"，选择"理财经理"，输入用户名及密码登录。
2. 以理财规划练习一为例介绍，如图 5-1 所示，左边是各业务模块，右边是试题任务窗口。

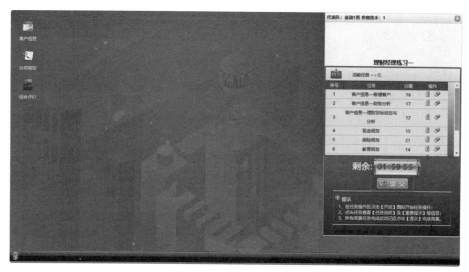

图 5-1 理财经理岗——试题任务窗口

3. 进行试题任务操作流程。

注意事项：

（1）做每一项试题任务之前都要先点击对应试题任务的"🔒"图标 进行开锁，进入操作。操作完成后点击"保存"即完成一道小题。

（2）右边试题任务窗口里，点击某一个任务栏则弹出"任务明细"窗口。该窗口内"任务明细"内容为题目内容，"重要信息"为题目内容的重要补充内容，"操作日志"为该题目操作的记录显示。

（3）仔细阅读题目内容，寻找左边对应的业务模块进行操作。如图 5-2 所示。

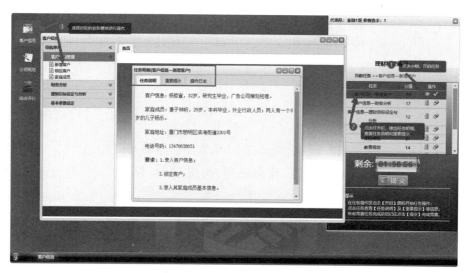

图 5-2 理财经理岗——任务明细窗口

（4）如发现操作错误需进行修改，则需点击该项任务的"橡皮擦"图标 进行重置后,重新操作相关任务。

(5) 可调整各窗口大小,同时可视多个界面窗口,进行任务操作。

(6) 各任务操作步骤如上述内容相同,须分别进行操作。

(7) 在规定考核时间内完成所有试题任务,可自行点击"提交"进行交卷。考核时间结束则系统会自动提交试卷。

4. 提交试卷后,可立刻查看得分和失分的具体情况。

5. 如以同一套试题进行重复练习,则会保留最新的成绩数据。如需重新操作试题,可在操作各试题任务之前进行试题的初始化,清除该套试题的历史数据。具体操作为:点击试题界面左下角"窗口"图标,然后点击"初始化考试"。

一、收集客户信息

(一) 客户信息管理

【基础知识】客户信息分类

(1) 定量信息和定性信息:定量信息包括普通个人和家庭的档案,如姓名、身份证号码、性别、出生年月、年龄、婚姻状况、学历、就业、配偶及抚养赡养状况、资产和负债、收入和支出等;定性信息包括目标概述、健康状况、兴趣爱好、就业预期、风险特征、投资偏好、理财知识及水平等。

(2) 财务信息和非财务信息:财务信息是指客户当前的收支状况、财务安排及这些情况的未来开展趋势等,是银行从业人员制订个人财务规划的根底和根据,决定了客户的目标和期望是否合理,以及完成个人财务规划的可能性;非财务信息是指其他相关的信息,如客户的社会地位、年龄、投资偏好和风险承受能力等。非财务信息能够帮助银行从业人员进一步了解客户,对其个人财务规划的制订有着直接的影响。

【实训任务】

客户信息:杨哲宣,32岁,研究生毕业,广告公司策划经理。

家庭成员:妻子林昕,29岁,本科毕业,外企行政人员;儿子杨乐,3岁。

家庭地址:厦门市思明区滨海街道2301号。

电话号码:13476638651。

要求:

1. 录入客户信息。

2. 锁定客户。

3. 录入其家庭成员基本信息。

【操作流程】

1. 点击" "开启任务"客户信息——新增客户"。进入业务模块"客户信息",依次选择"客户信息管理""新增客户",点击"新增",进入"新增客户"界面,根据任务说明中的客户基本信息填写各项内容,点击"保存"。如图 5-3 所示。

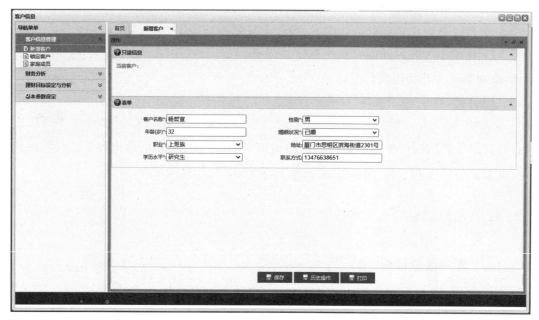

图 5-3　客户信息——新增客户

2. 选择"锁定客户",选中"杨哲宣"这条记录,点击"锁定"。

3. 选择"家庭成员",点击"新增",进入对应业务操作页面,根据任务说明输入配偶及长子的基本信息,配偶为"林昕""29""上班族""本科",长子为"杨乐""3""其他""其他",点击"保存"。如图 5-4 所示。

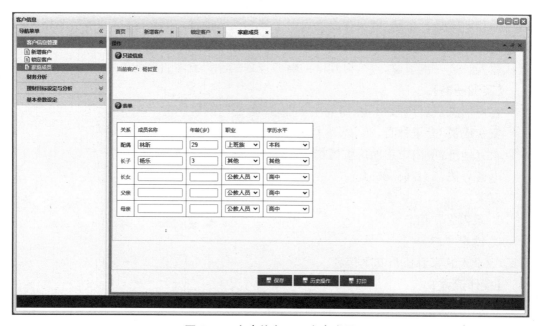

图 5-4　客户信息——家庭成员

(二) 财务分析

【基础知识1】生命周期理论

生命周期理论是由 F.莫迪利亚尼等人创建的,其基本思想是认为个人是在相当长的时间内计划他的消费和储蓄行为的,并在整个生命周期内实现消费的最佳配置。也就是说一个人将综合考虑其即期收入、未来收入以及可预期的支出、工作时间、退休时间等因素,来决定当前的消费和储蓄,使其消费水平在其一生内保持相对平稳的水平,而不至于出现消费水平的大幅波动。该理论将家庭的生命周期分为四个阶段,如表5-2所示:

表5-2 家庭生命周期的四阶段及其理财规划

	家庭形成期	家庭成长期	家庭成熟期	家庭衰老期
特征	建立家庭并生养子女	子女长大就学	子女独立和事业发展到巅峰	退休到终老,只有两个老人(空巢期)
	从结婚到子女出生	从子女上学到完成学业	从子女完成学业独立到夫妻退休	从夫妻退休到过世
	家庭成员数量增加	家庭成员固定	家庭成员减少	夫妻两人
夫妻年龄	25—35岁	30—55岁	50—60岁	60岁以后
收入和支出	收入以双薪为主	收入以双薪为主	收入以双薪为主,事业发展和收入巅峰	以理财收入和转移收入为主
	支出逐渐增加	支出随子女上学增加	支出逐渐减少	医疗费提高,其他费用减少
储蓄	随家庭成员增加而减少	收入增加而支出稳定,储蓄增加	收入巅峰,支出降低	支出大于收入
居住	和父母同住或自行购房、租房	和父母同住或自行购房、租房	和老年父母同住或夫妻两人居住	夫妻居住或和子女同住
资产	可积累的资产有限,但可承受较高风险	可积累资产逐年增加,需开始控制投资风险	可积累资产达到巅峰,要逐步降低投资风险	开始变现资产来应付退休后的生活,投资以固定收益为主
负债	高额房贷	降低负债余额	还清债务	无新增负债
保险安排	提高寿险保额	以子女教育年金储备高等教育学费	以养老保险和递延年金储备退休金	投保长期看护险
核心资产配置	股票70%,债券10% 货币20%	股票60%,债券30% 货币10%	股票50%,债券40% 货币10%	股票20%,债券60% 货币20%
信贷运用	信用卡、小额信贷	房屋贷款、汽车贷款	还清贷款	无贷款或反按揭

资料来源:证券专业资格考试命题研究组,《证券投资顾问业务》。

【基础知识2】个人财务比率分析

(1) 结余比率

结余比率是客户一定时期内(通常为一年)结余和收入的比值,它主要反映客户提高其净资产水平的能力。

其计算公式是:结余比率＝结余÷税后收入,月结余比率＝(月收入－月支出)÷每月税后收入,月结余比率的参考数值一般是0.3—0.5。

(2) 投资净资产比

投资净资产比是投资资产与净资产的比值,它反映客户投资意识的强弱,是衡量客户能否实现财务自由的重要指标。

其计算公式是:投资净资产比＝投资资产÷净资产。

除收支结余外,投资收益是提高净资产水平的另一条重要途径,甚至是主要途径。有研究认为,投资净资产比保持在0.5或稍高是较为适宜的水平。就年轻客户而言,其投资与净资产比率相对较低,一般在0.2左右就属正常。

(3) 清偿比率

清偿比率是客户净资产与总资产的比值,这一比率反映客户综合偿债能力的高低。

其计算公式是:清偿比率＝净资产÷总资产。

清偿比率的数值变化范围在0—1之间。一般来说,客户的清偿比率应该高于0.5,保持在0.6—0.7较为适宜。

(4) 资产负债率

资产负债率是客户总负债与总资产的比值,显然这一比率与清偿比率密切相关,同样可以用来衡量客户的综合偿债能力。

其计算公式是:资产负债率＝总负债÷总资产。

资产负债率和清偿比率为互补关系,其和为1。理财规划师应该建议客户将资产负债率控制在0.5以下,但也不应低至接近0的程度。

(5) 财务负担比率

这一比率亦称为负债收入比,是到期需支付的债务本息与同期收入的比值。它是反映客户在一定时期(如一年)财务状况良好程度的指标。有专家认为,0.4是财务负担比率的临界点,过高则容易发生财务危机。

其计算公式是:财务负担比率＝债务支出÷税后收入。

(6) 流动性比率

流动性比率是流动性资产与月支出的比值,它反映客户支出能力的强弱。通常情况下,流动性比率应保持在3左右。

其计算公式是:流动性比率＝流动性资产÷每月支出。

【实训任务】

时间:2015年1月1日—2015年12月31日。

1. 杨先生家庭的资产及收入情况如下：

杨先生当前每月税后工资为16 130元,年终奖为50 000元(税后)。杨太太每年的工资为114 000元(税后),年终奖为20 000元(税后)。现在居住的房子购买于2012年1月,现价750 000元；一辆代步轿车现价310 000元；杨先生受朋友影响,在一年前以150 000元购买了10 000股A股票,由于缺少关注,现在股票账户中的金额已经减少了20%；杨太太3年前购买了价值90 000元的某国债,由于行情不错,至今市值已增加了15%。现家庭中有现金5 500元,活期存款35 000元,2年前购买的5年期定期存款60 000元。

2. 杨先生家庭的支出情况如下：

(1) 当前居住的房子购买于2012年1月,至今房子市值已上涨了25%。采用商业贷款,首付三成,贷款利率为5.5%,贷款期限为10年,还款方式为等额本息,从购买当月即开始还款。

(2) 全家平均每年的日常生活支出为50 400元；每月的医疗费用是700元；每年的置装费用为4 000元；每年的汽车费用约为3 000元；杨先生加入了一个台球俱乐部,每年的费用为6 000元；杨太太报班学习烹饪,每年的学费为4 500元。由于两人平时忙于工作,夫妇俩在工作日将儿子送到幼儿托管班,每年的费用为17 000元。

(3) 杨先生家庭除了房贷目前没有其他贷款。杨先生夫妇除了单位缴纳的五险一金外没有购买其他的商业保险。他们为儿子购买了一份保额为150 000元的少儿商业保险,每年的保费为5 400元。(不计存款利息收入；月收支均为年收支的1/12)

要求：

1. 判断杨先生家庭所处生命周期。
2. 编制家庭现金流量表及家庭资产负债表。
3. 分析杨先生家庭财务比率(计算结果保留到小数点后两位,整数取整)。

【操作流程】

1. 点击"🔒"开启任务,依次选择业务模块"客户信息管理""财务分析""生命周期分析",点击"新增",根据客户杨哲宣的基本情况,应选择生命周期为"家庭成长期",这一时期,该客户可支配收入"高"；支出"高"；风险承受能力"中",点击"保存"。如图5-5所示。

图 5-5　财务分析——生命周期分析

2. 选择"家庭现金流量表",点击"新增",根据任务说明和计算结果,输入"工资和薪金"为"307 560","奖金和佣金"为"70 000","日常生活支出"为"50 400","房屋支出"为"54 697.20","汽车支出"为"3 000","商业保险费用"为"5 400","医疗费用"为"8 400","其他支出"为"31 500",如图 5-6 所示。点击"保存",系统自动计算出"总收入""总支出""结余"金额分别为"377 560""153 397.20""224 162.80"。

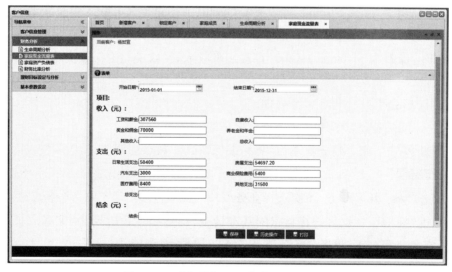

图 5-6　财务分析——家庭现金流量表

【解析】

（1）工资和薪金:杨哲宣每月税后工资 16 130 元,杨太太林昕每年税后工资 114 000 元,工资和薪金为 16 130×12+114 000=307 560 元

（2）奖金和佣金:50 000+20 000=70 000 元（总收入和结余不用计算,点击保存后

系统会自动计算）

（3）房屋支出：先计算月供，再求房屋支出。

房子为 2012 年 1 月购买，现价 750 000 元，上涨了 25%，首付三成，贷款利率 5.5%，期限 10 年，等额本息还款，当月开始还款，购买时房子价格为 750 000/(1+25%)=600 000 元，房子的贷款金额为 600 000×(1−30%)=600 000×70%=420 000 元，一年 12 个月，N=10×12=120，I=5.5，PV=420 000，求 PMT，则理财计算器输入：

① 复位：2ND，RESET(+/−)，SET/ENTER，CE/C；
② 设置期数：2ND，P/Y(I/Y)，12，SET/ENTER，CE/C，CE/C；
③ 计算月供：120，N；5.5，I/Y；420 000，PV；CPT，PMT；

求得 PMT=−4 558.10

房屋支出=4 558.10×12=54 697.20

3. 选择"家庭资产负债表"，点击"新增"，根据任务说明和计算结果，输入"现金"为"5 500"，"活期存款"为"35 000"，"定期存款"为"60 000"，"债券"为"103 500"，"股票"为"120 000"，"自住房"为"750 000"，"机动车为 310 000"，"住房贷款"为"278 989.99"，如图 5−7 所示。点击"保存"，系统自动计算出"资产总计""负债总计"和"净资产"金额分别为"1 384 000.00""278 989.99""1 105 010.01"。

图 5−7 财务分析——家庭资产负债表

【解析】

（1）3 年前 90 000 元购买的国债，现金额增加了 15%，债券为 90 000×(1+15%)=103 500 元

（2）1 年前 150 000 元购买的 10 000 股 A 股票，现金额减少了 20%，股票为 150 000×

(1−20%)=120 000 元

(3) 负债,住房贷款(即还未还清的房子贷款金额)计算过程：

记账日期为 2015 年 12 月 31 日,当前居住的房子购买于 2012 年 1 月,购买当月(即 1 月份)开始还款,至 2015 年 12 月,已还款 48 期,计算还款 48 期后还剩余未还的本金,则理财计算器输入：

① 复位:2ND,RESET(+/−),SET/ENTER,CE/C；
② 设置期数:2ND,P/Y(I/Y),12,SET/ENTER,CE/C,CE/C；
③ 计算月供:120,N;5.5,I/Y;420 000,PV;CPT;PMT=−4 558.10
④ 2ND,AMORT,↓,48,ENTER,↓,BAL=278 989.99

住房贷款为 278 989.99 元

4. 选择"个人财务比率分析",点击"新增",进入操作界面,根据任务说明、计算公式和参考数值得出相应的计算结果和诊断结果,如表 5−3 所示,完成相关内容的输入和选择,点击保存,如图 5−8 所示。

表 5−3　个人财务比率分析结果表

财务比例分析	计算结果	诊断
结余比率	59%	偏高
投资净资产比	20%	偏低
流动性比率	3.17	合理
清偿比率	80%	偏高
资产负债率	20%	偏低
负债收入比	14%	偏低
即付比率	15%	偏低

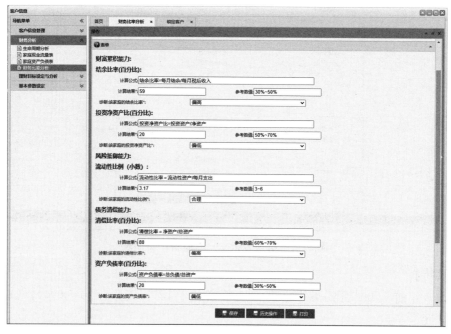

图 5−8　财务分析——个人财务比率分析

【解析】

结余比率＝每月结余/每月税后收入＝224 162.80/377 560.00＝59%

投资净资产比＝投资资产/净资产＝(103 500＋120 000)/1 105 010.01＝20%

流动性比率＝流动性资产/每月支出＝(5 500＋35 000)/(153 397.20/12)≈3.17

清偿比率＝净资产/总资产＝11 05010.01/1 384 000.00≈80%

资产负债率＝总负债/总资产＝278 989.99/1 384 000.00≈20%

负债收入比＝当年负债/当年税后收入＝房屋当年还贷金额＝54 697.20/377 560.00≈14%

即付比率＝流动资产/负债总额＝(现金5 500＋活期35 000)/278 989.99≈15%

(三) 理财目标设定与分析

【基础知识】 按时间长短分的理财目标(见表5－4)

表5－4 按时间长短分的理财目标

个人状况	短期目标(1年左右)	中期目标(3—5年)	长期目标(5年以上)
单身	完成大学学业	结婚	购买一套房子
	购买数码产品	买车	积累收入
	国内旅游	攻读研究生学历	出国旅游
已婚夫妇(无子女)	每年度假	重新装修住房	购买退休住房
	购买新车	构建股票投资组合	积累退休收入
父母(有年轻子女)	增加人寿保险额度	提高投资额度	为子女积累大学教育金
	增加储蓄	购买新车	购买更大面积住房

【实训任务】

1. 杨先生希望儿子高中毕业后能够到国外念大学,距离其念大学还差15年,不可变更。

2. 杨先生希望3年后在湖里区购买一套学位房,可变更。

3. 杨先生计划在55岁的时候退休,可变更。

要求:分析杨先生目前的理财目标。

【操作流程】

选择任务模块"客户信息",依次选择"理财目标设定与分析""理财目标可行性分析",点击"新增",根据任务说明可知,杨先生的理财目标如表5－5所示,并完成相关内容的选择及填写,点击"保存"。如图5－9所示。

表 5-5 理财目标可行性分析表

目标类别	目标描述	预期实现时间/年	可变更性
长期项目	念大学	15	不可变更
短期项目	买学位房	3	可变更
长期项目	退休	23	可变更

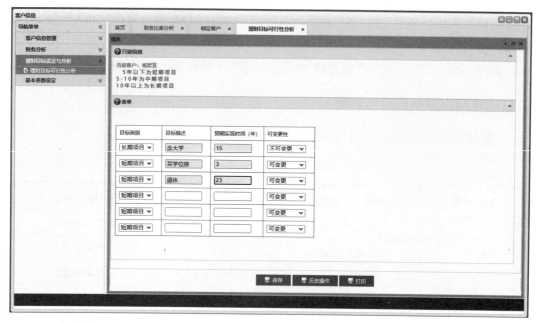

图 5-9　理财目标设定与分析

二、分项规划

【基础知识1】主要的理财规划工具(如图 5-10 所示)

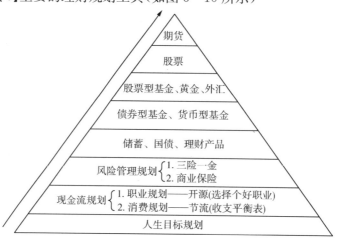

图 5-10　主要的理财规划工具

【基础知识2】不同理财工具的风险收益特征(如表5-6所示)

表5-6 不同理财工具的风险收益特征

理财工具	风险收益特征	缺点
存款	收益低,风险低	落后于通胀
保险	收益低,风险保障	投资效果差
债券	收益偏低,风险较小	在物价上涨时跌幅较大
股票	收益高,风险大	适合专业投资者
基金	收益高,风险适中	适合各种投资者
信托	收益偏低,非主流品种	几乎没有流动性
外汇	收益偏低,非主流品种	不能自由兑换
期货	收益高,风险大	风险非常大
房产	收益高,风险大	流动性太差,投资成本高
黄金	收益偏低	市场空间小,限制因素多

(一) 现金规划

【实训任务】

虽然目前生活稳定,但杨先生还是担心如果出现意外,他的家庭无法抵御风险,因此准备将现金作为抵御风险的工具。

理财师建议杨先生同时将银行定期存款、银行活期存款也作为现金规划工具。

要求:

1. 为杨先生家庭进行现金需求分析。(计算结果保留到小数点后两位,整数取整)
2. 选择合适的现金规划工具。

【操作流程】

1. 点击"🔒"开启任务,选择业务模块"分享规划",依次选择"现金规划""现金需求分析",点击"新增",根据客户信息,填写"现金(元)"为"5 500","银行活期存款(元)"为"35 000"。根据对客户家庭财务报表的分析可以知道客户目前流动性资产为 40 500(元);每月支出为 12 783.10(元);客户家庭的流动性比率为 3.17;而根据分析该客户家庭职业及其收入的稳定程度我们判断该客户家庭需要准备 3—4 倍的应急准备金以支付家庭日常开支和满足家庭的应急要求,因此该客户需要持有 38 349.30—51 132.40 元现金保证家庭成员正常生活 3—4 个月的时间。从客户现有资产配置来看,该客户的家庭应急准备金合理。确认无误后,点击"保存"。如图5-11所示。

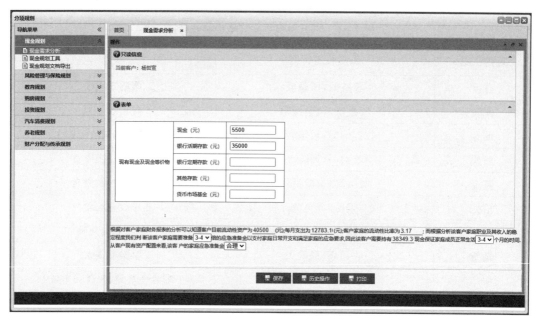

图 5-11 分项规划——现金需求分析

2. 选择"现金规划工具",进入操作界面,勾选"现金""银行活期存款""银行定期存款",点击"保存"。如图 5-12 所示。

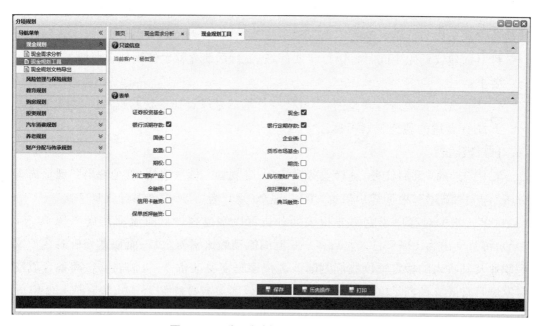

图 5-12 分项规划——现金规划工具

(二) 保险规划

【基础知识1】倍数法则

倍数法则是一种以简单的倍数关系估计寿险保障的经验法则,如"双十原则"。

双十原则:第一个十,即家庭年缴保费占家庭年收入的10%左右;第二个十,即风险保额要达到家庭年收入的十倍。

缺点:不科学,不能适应所有人或家庭。

优点:有合理之处,简便,考虑了一般经验。

【基础知识2】生命价值法

估算家庭成员不幸给家庭造成的净收入损失,个人未来收入或个人服务价值扣除个人生活费用后的资本化价值。其较倍数法则考虑了更多因素,如:现年龄、退休时间、本人消费水平;但仍有缺陷,是从个人对家庭的贡献,即从收入的角度考虑的。也就是说,保障金额=被保险人一生对家庭收入的净贡献。净贡献是指个人的收入减去自己本人的消费。

死亡风险生命价值法的计算步骤:

首先,预计出个人在有生之年中各年对家庭的净贡献。此时我们应当考虑被保险人工资收入的增长、通货膨胀等因素的影响。

其次,计算各年净贡献的总现值。

最后,令保障金额等于总现值。

【基础知识3】遗嘱需求法

从需求的角度考虑某个家庭成员不幸后会给家庭带来的现金缺口,其优点是符合每个家庭的实际情况,包括:还债需要、子女独立前所需费用、配偶终身所需收入、其他需求。

【实训任务】

杨先生夫妇除了社保外没有其他的风险保障,他们希望家庭在面临危机时能够有完备的风险保障,分析杨先生家庭需要进行的保险规划。

要求:1. 分析杨先生家庭的优先被保险人。

2. 确定优先被保险人所购买的险种的保额及保费。(计算结果保留到小数点后两位,整数取整)

【操作流程】

1. 点击" 🔒 "开启任务,依次选择"风险管理与保险规划""优先被保险人的确定",点击"新增",根据有关信息计算,依次填入"姓名"为"杨哲宣","年龄(岁)"为"32","职业"为"上班族","个人年收入(元)"为"243 560","个人收入占家庭收入比重(百分比)"为"65",点击"保存"。如图5-13所示。

图 5-13　保险规划——优先被保险人的确定

【解析】

杨先生个人年收入＝每月税后工资×12＋年终奖＝16 130×12＋50 000＝243 560 元。

个人年收入占家庭年收入比重＝243 560/377 560.00≈65％。

2. 选择"保险金额的确定"，点击"新增"，根据计算结果依次填入"建议寿险及重大疾病保险金额(万元)"为"59"，"建议保费支出(元)"为"20 650"；"建议意外险保额(万元)"为"185"，"建议保费支出(元)"为"3 700"。点击"保存"。如图 5-14 所示。

图 5-14　保险规划——保险金额的确定

【解析】

当前客户：杨哲宣。

(1) 双十原则：保额是个人年收入的 10 倍，保费是个人年收入的 1/10；

(2) 保险费率：以 30 岁男性为例，寿险及重大疾病保险每 10 万元保险金额的保费为 3 300 元，年龄每增减 1 岁，相应保费增减 100 元；以 30 岁女性为例，寿险及重大疾病保险每 10 万元保险金额的保费为 3 000 元，年龄每增减 1 岁，相应保费增减 100 元。个人普通意外伤害保险每 10 万元保险金额保费为 200 元。

根据上述条件列二元一次方程，算出保额和保费。

杨先生今年 32 岁，年收入 243 560 元。假设购买寿险 X 份，购买意外险 Y 份。

$100\,000(X+Y)=243\,560\times10$

$(3\,300+200)X+200Y=243\,560\div10$

得出 X=5.90，Y=18.46≈18.5，寿险保额＝5.9×10 万＝59 万元

意外险保额＝18.5×10 万≈185 万元

寿险保费＝59 万/10 万×3 500＝20 650 元

意外险保费＝185 万/10 万×200＝3 700 元

(三) 教育规划

【实训任务】

由于杨先生本科的时候曾以交换生的身份到法国学习一年，受益颇多，所以他希望儿子也能到法国读大学，感受不同的学习氛围。经过向理财顾问咨询得知，目前到法国留学的学习费用为 75 000 元/年，并且会以每年 5% 的速度增长（假设入学后学费及生活费增长为 0）。他的儿子离上大学还要 15 年，预计在法国学习 4 年。杨先生已准备了 50 000 元作为儿子教育费用的投资资金，预期投资收益率为 9%。

要求：

1. 计算杨先生的儿子留学时的教育金缺口。
2. 计算杨先生每月应定投多少金额以保证儿子可以顺利到法国读大学。（计算结果保留到小数点后两位，整数取整）

【操作流程】

点击"🔒"开启任务，依次选择"教育规划""教育资金缺口分析"，点击"新增"，根据任务说明计算教育规划情况，如表 5-7 所示，填写教育资金缺口对应内容，如图 5-15 所示。

表 5-7 教育规划情况表

目前学费水平/(元/年)	75 000	筹集资金年限/年	15
教育费用增长率/%	5	目前已储备教育基金/元	50 000
教育资金总需求/元	550 598.09	教育资金缺口/元	368 473.97
每月定投资金/元	973.75	—	—

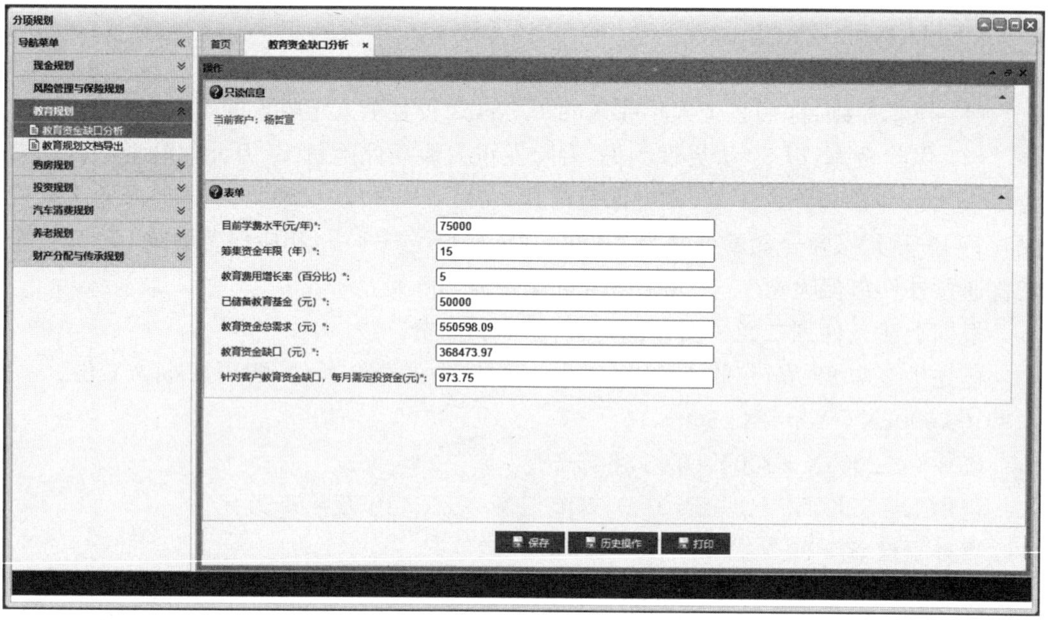

图 5-15　教育规划——教育资金缺口分析

【解析】

目前学费水平:75 000 元/年;离上大学时间:15 年;学费增长率:5%,则上大学当年的学费计算如下:

理财计算器输入:

①复位:2ND,RESET,ENTER,CE/C;

②赋值:15,N;5,I/Y;75 000,PV;CPT;PV=－155 919.61

四年学费总和:在大学初期的现值(采用期初模式)计算如下:

理财计算器输入:

①复位:2ND,RESET,ENTER,CE/C;

②设置期初付款:2ND,BGN,2ND,ENTER,CE|C;

③赋值:155 919.61,PMT;4,n;9,i;CPT;PV=－550 598.09

则教育资金总需求为 550 598.09 元。

现有准备金在上大学时的终值计算如下:

理财计算器输入:

①复位:2ND,RESET,ENTER,CE/C

②赋值:50 000,PV;15,N;9,i;CPT;FV=－182 124.12

则现有准备金在上大学时的终值为 182 124.12 元。

教育金缺口＝教育资金总需求－准备金终值＝550 598.09－182 124.12＝368 473.97 元。

注意:一年 12 个月,N=15×12=180 月。

理财计算器输入：

①复位：2ND,RESET；ENTER,CE/C；

②设置期数：2ND,I/Y,12,ENTER,CE/C,CE/C；

③赋值：180,N；9,I/Y；368 473.97,FV；CPT；PMT＝－973.75

则每月定投资金为973.75元。

（四）购房规划

【实训任务】

为了让儿子进入重点学校学习，杨先生计划3年后在湖里区购买一套学位房，已知湖里区的学位房房屋均价为21 000元/米²。通过向专业理财师咨询，贷款后的月供与月税后收入的比值最多不能超过25%。由于是贷款购买的第二套房子，房贷利率要上调至7%，贷款期限为20年，采用等额本息还款方式。杨先生计划将全部的活期存款用来作为购房准备金（假设年投资收益率为9.5%）。

要求：

1. 分析杨先生的购房需求，确定其购房总价。

2. 计算每月月供。（计算结果保留到小数点后两位，整数取整，月收支均为年收支的1/12）

【操作流程】

点击"🔒"开启任务，依次选择"购房规划""购房资金总需求"，点击"新增"，根据任务说明计算购房资金总需求结果，如表5-8所示，并填写操作界面中的相关内容，点击"保存"，如图5-16所示。

表5-8 购房资金总需求表

目前年结余/元	224 162.80	购房准备金/元	35 000
拟几年后买房/年	3	拟贷款年数/年	20
还款期数	240	当地房价/(元/米²)	21 000
投资报酬率假设/%	9.5	房屋贷款利率/%	7
可负担首付款/元	784 350.50	可负担房屋贷款额/元	1 014 554.47
可负担买房总价/元	1 798 904.97	可负担房屋贷款占总价成数/%	56

图 5-16 购房规划——购房资金总需求

2. 选择"还款方式",点击"新增",根据计算结果填写"还款方式"表单,计算结果如表 5-9 所示,点击"保存"。

表 5-9 还款方式情况表

买房总价/元	贷款方式	贷款金额/元	还款方式	首期还款额/元
1 798 904.97	商业贷款	1 014 554.47	等额本息还款	7 865.83

【解析】

购房准备金金额等于活期金额,即 35 000 元在 3 年后的终值。

理财计算器输入:

①复位:2ND,RESET(+/-),SET/ENTER,CE/C;

②赋值:3,N;9.5,I/Y;35 000,PV;CPT;FV=-45 952.63

则购房准备金 3 年后的终值为 45 952.63 元。

年结余在 3 年后的终值:年结余为家庭现金流量表中的结余金额,即 224 162.80 元。

理财计算器输入:

①复位:2ND,RESET(+/-),SET/ENTER,CE/C[四健归位]

②赋值:3,N;9.5,I/Y;224 162.80,PMT;CPT;FV=-738 397.87

则年结余在 3 年后的终值为 738 397.87 元。

可负担首付=购房准备金终值+年结余终值=45 952.63+738 397.87=784 350.50 元。

月供/月税后收入≤25%,N=20×12=240 月。

月供金额＝年税后收入/12×25%＝377 560.00/12×25%＝7 865.83元。

理财计算器输入：

①复位:2ND,RESET,ENTER,CE/C;

②设置期数:2ND,I/Y,12,ENTER,CE/C,CE/C;

③赋值:240,N;7,I/Y;7 865.83,PMT;CPT;PV=－1 014 554.47

则可负担房屋贷款额为1 014 554.47元。

可负担买房总价＝784 350.50＋1 014 554.47＝1 798 904.97元。

房屋贷款占总价成数＝1 014 554.47÷1 798 904.97≈56%。

(五) 投资规划

【实训任务】

1. 点击" 🔒 "开启任务,依次选择"投资规划""风险承受能力评分表",根据前面业务流程中的相关信息,选择你认为合适的选项,完成表单填写,点击"保存",如图5－17所示。

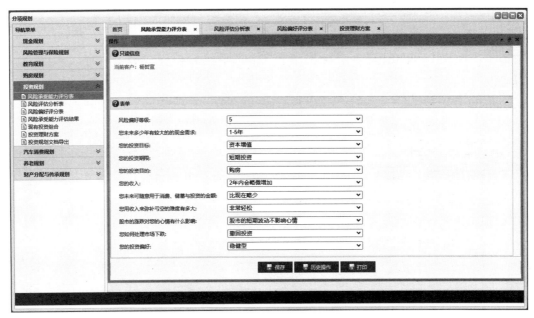

图5-17 投资规划——风险承受能力评分表

2. 选择"风险评估分析表",根据任务说明完成表单填写,如图5-18所示,点击"保存",系统将得出风险评估总分。

图 5-18　投资规划——风险评估分析表

3. 选择"风险偏好评分表",点击"新增",根据任务说明完成表单填写,如图 5-19 所示,点击"保存"。

图 5-19　投资规划——风险偏好评分表

4. 选择"风险承受能力评估结果",根据系统所给出的风险评估矩阵,填写评估意见:您的风险承受能力属于"低能力",风险态度属于"低态度"。我们建议您的资产配置比例为低风险 0%;中风险 30%;高风险 70%。点击"保存"。如图 5-20 所示。

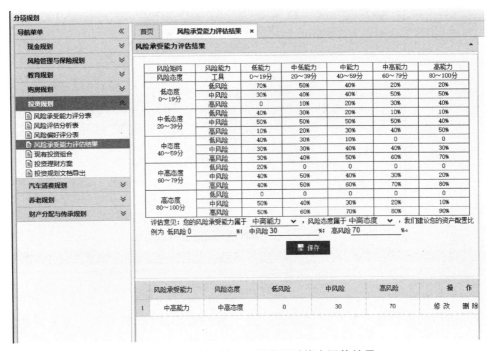

图 5-20 投资规划——风险承受能力评估结果

5. 选择"现有投资组合",点击"新增",根据系统给出的投资产品风险分类和"财务分析"环节计算的结果计算得到各类资产价值及比重情况表,如表 5-10 所示,据此完成表单中各选项的内容填写。

根据风险评估结果得出适合您的投资组合为低风险 0%;中风险 30%;高风险 70%。但是您现有的投资组合为:低风险 31%;中风险 32%;高风险 37%。因此判断您现有的投资组合需要调整。点击"保存"。如图 5-21 所示。

表 5-10 各类资产价值及比重情况表

资产类别	当前价值	比重/%
低风险类	100 500	31
中风险类	103 500	32
高风险类	120 000	37

图 5-21 投资规划——现有投资组合

6. 选择"投资理财方案",点击"新增"进入操作界面,根据风险承受能力评估结果进行投资分配,中风险"产品比例(百分比)"为"30","投入金额"为"97 200";高风险"产品比例(百分比)"为"70","投入金额"为"226 800"。如图 5-22 所示。

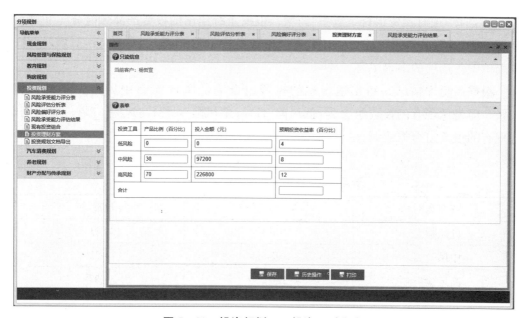

图 5-22 投资规划——投资理财方案

(六) 养老规划

【实训任务】

杨先生为了减轻儿子以后的赡养负担,决定在退休前积累一笔资金。他计划在 55 岁时退休,预期寿命为 75 岁。当前一般退休家庭平均每年的生活费用为 30 000 元,并且预计将来会以每年 3% 的速度增长(假设退休后生活费不再变化),杨先生希望能达到一般家庭生活水平。假设退休前年投资收益率为 10%,退休后投资保守,收益率和通胀率正好相互抵消。杨先生已经准备了 60 000 元的养老金。

要求:

1. 计算养老费用缺口。

2. 计算杨先生每年需定投多少才可达到预期目标。(计算结果保留到小数点后两位,整数取整)

【操作流程】

点击"🔒"开启任务,依次选择"养老规划""养老规划定投测算",根据任务说明计算得到养老规划定投测算表,如表 5-11 所示,完成各项内容的填写,点击"保存"。如图 5-23 所示。

表 5-11 养老规划定投测算表

客户名称	杨哲宣	年龄	32
预计退休年龄	55	预期寿命	75
预计退休后年生活费用/元	177 622.79	退休当年需要储备的退休费用/元	3 552 455.80
现有养老金储备/元	60 000	预期收益率/%	10
现有养老金储备退休当年终值/元	537 258.15	退休当年资金缺口/元	3 015 197.65
退休前每年定投资金/元	37 906.50		

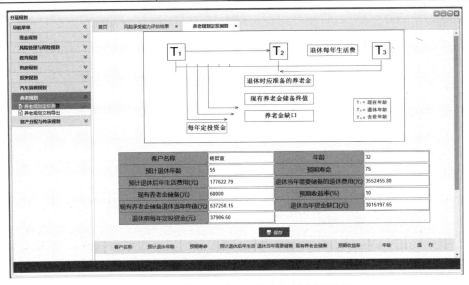

图 5-23 养老规划——养老规划定投测算

【解析】

退休后的年生活费用:年限 N＝55－32＝23 年

理财计算器输入：

①复位:2ND,RESET,ENTER,CE|C；

②赋值:23,N;3,I/Y;90000,+|－,PV;CPT,FV＝177 622.79

退休后的总生活费用＝177 622.79×(75－55)＝3 552 455.80 元

现有养老准备金在退休当年的终值：

理财计算器输入：

①复位:2ND,RESET,ENTER,CE|C；

②赋值:23,N;10,I/Y;60 000,PV;CPT,FV＝－537 258.15

养老金缺口＝3 552 455.80－537 258.15＝3 015 197.65 元

理财计算器输入：

①复位:2ND,RESET;ENTER,CE/C；

②赋值:23,N;10,I/Y;3 015 197.65,FV;CPT;PMT＝－37 906.50

退休前每年定投资金为 37 906.50 元。

(七) 财产分配与传承规划

【实训任务】

杨先生在 70 岁时立了一份遗嘱,并且已经请律师公证,遗嘱内容为其遗产的 4 成留给儿子,剩余的留给他的妻子。

杨先生的资产情况如下:(资产都为夫妻共同拥有)

现金:6 000 元。

活期存款:25 000 元。

股票:300 000 元。

房产:4 000 000 元。

汽车:900 000 元。

杨先生的负债情况如下:(负债都为夫妻共同拥有)

住房贷款:550 000 元。

消费贷款:39 000 元。

其他负债:7 000 元。

要求：

1. 确定杨先生遗产继承人。

2. 界定杨先生的遗产范围。

3. 制定杨先生的遗产分配方案。(计算结果保留到小数点后两位,整数取整)

【操作流程】

1. 点击" 🔒 "开启任务,依次选择"财产分配与传承规划""继承人",输入配偶"继承人名称"为"林昕","年龄"为"67",长子"继承人名称"为"杨乐","年龄"为"41",点击"保存"。如图 5-24 所示。

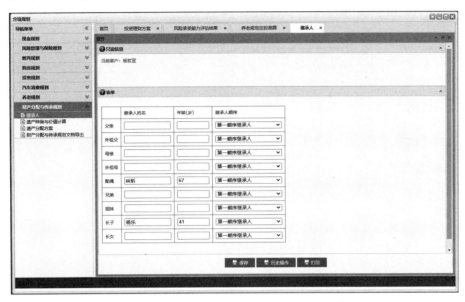

图 5-24　财产分配与传承规划——继承人

2. 选择"遗产种类与价值计算",点击"新增",根据任务说明填写表单中的各类资产和负债,如图 5-25 所示,点击"保存",系统得出总资产合计、总负债合计和总遗产合计分别为"2 615 500.00""298 000.00""2 317 500.00"。

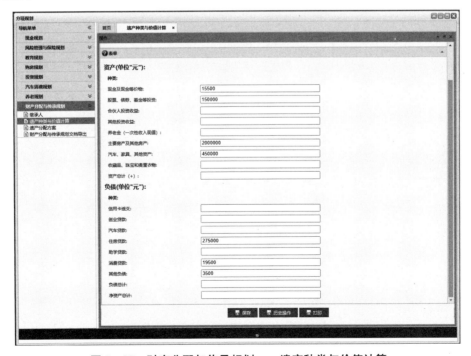

图 5-25　财产分配与传承规划——遗产种类与价值计算

3. 选择"遗产分配方案",点击"新增",根据遗嘱中的遗产分配比例,输入配偶"继承人名称"为"林昕","继承遗产总额(元)"为"1 390 500",长子"继承人名称"为"杨乐","继承遗产总额(元)"为"927 000",如图 5-26 所示,点击"保存",完成操作。

图 5-26 财产分配与传承规划——遗产分配方案

附录　实训平台登录流程

本实训教材是依托湖南典阅教育科技有限公司的"BSI 金融综合实训平台"完成的。该实训平台模拟了商业银行综合业务的最新业务规范和操作流程,包括综合柜员和客户经理的核心业务。根据所提供的网址,打开实训软件的登录界面,如附图 1 所示。

附图 1　"BSI 金融综合实训平台"登录界面

输入登录账号与密码,进入实训平台系统首页,如附图 2 所示。实训平台包括"理论学习""实训练习"以及"考试中心"三个模块。"理论学习"部分介绍商业银行从业人员的基本技能、基本业务素质、职业素养、团队管理,商业银行业务基础知识、业务规范及操作要领;"实训练习"用于课程教学演示和学生实训练习;"考试中心"用于学生实训考核,检验学生的学习成果。

附图 2　"BSI 金融综合实训平台"首页

进入"实训练习"模块,如附图 3 所示,在搜索框中输入需要进行练习的业务名称即可找到该业务。

附图 3　实训练习模块

点击页面右侧"进入"项，进入至对应任务，如附图 4 所示。该页面左侧为模拟系统软件的六大业务模块，右侧为业务任务栏，"任务说明"为该项业务的任务内容，"重要提示"中给出相应的要求、业务操作流程或业务处理有关的信息，所有的操作记录可在"操作日志"中查询。点击右侧任务名称旁"🔒"按钮，开启任务，即可开始进行业务练习。

附图 4　任务主页

业务操作完成后，还需点击任务页右侧倒计时下方"提交"按键，提交已进行的任务操作，页面弹出提交确认框，点击"确定"，成功提交任务操作，并可查看对应任务成绩报告，如附图 5 所示。

附图 5　成绩报告